倒産回避請負人が教える

# 脱常識のしたたか社長論。

事業再生コンサルタント
立川昭吾＝著

アーク出版

## 小さな会社だからこそ楽しく儲けられる!

まえがきにかえて

「いざなぎ」超えの景気回復どころか、不況はさらに深刻化してきて「小さな会社」の倒産事例が相次いでいる。

政府の手厚い保護下にある大企業と違い、「小さな会社」は誰の支援も受けられず、競争原理というルールのもと簡単に処理され、海底に沈められていく。しかし、会社を船舶にたとえれば、大型客船や貨物船など幾多の種類がある中で、実はもっとも沈みにくいのが小型のヨットなのである。太平洋で大風に吹かれても簡単には沈まない。「小さな会社」の経営もヨットの操舵のようなものではないだろうか。転覆しないヨットのように、キールさえつけていれば「小さな会社」は潰れない。それどころか、大型船なみに遠く太平洋を越えてアメリカ大陸に行くこともできる。しかもガソリンも使用しない低コストで。

「小さな会社」の経営もこれと同じで、なにも大企業の経営など模倣しなくても、自社独自の操舵ノウハウさえあれば、成功することができる。波の波長に操舵を合わせ、即ち自社の目線に合った経営知識を学ぶことができれば、楽しく儲けることができるのである。

その際に大切なことは、小さな会社のモットーが「軽薄短小」であることを忘れないことだ。たとえば、商品開発一つ取ってみても、大企業のようなハイクオリティの高価格品を追求するのではなく、すき間商品や関連商品に特化する。あるいは一つの商品がだめだとわかったら、すぐ別の商品に変える。商品や事業にこだわらず、軽やかに「進化」する。それを「軽薄」というのなら、小さな会社は、もっと「軽薄」になったほうがいい。「小さな会社」には大企業にないメリットが数多くあるのだから、それを全部利用すれば儲かるし、商売をやっていても楽しい。

商売は「儲かり、楽しく」なければやっていけない。だから、中小・零細企業の社長は「小さな会社」のメリットをもっと上手く使ってほしい。

この本を書いている時、私の知人の化粧品会社の女性社長が会社を辞任すると言ってきた。彼女は東海地区にある地方商品会社を、創業10年で東証マザーズに上場したサクセス・ウーマンだ。従業員1500名、年商150億円の企業に育て上げたが、今期赤字の責任をとって辞任したのである。

電話口で彼女は「創業3年で従業員10名くらいの時が、実は一番儲かって仕事も楽しかった。立川先生、会社ってただ大きくするのはとても危険なことなんですね」と寂しそうに話していた。

会社は規模の大小ではなく、中身の価値の良し悪しで決まる。

読者の皆様が、この本を読んで、「小さな会社」を経営することが、実は一番楽しいし、確実に儲かることを改めてご理解していただければ幸いである。

平成二十年（2008年）四月

立川　昭吾

倒産回避請負人が教える 脱常識のしたたか社長論。●もくじ

## 1章◆会社の事業にこだわるな！

◎小さい会社ならではの「経営の考え方」を身につける

## 3章◆大企業と同じ土俵に上がるな！

◎小さい会社ならではの「経営戦略」を身につける

## 4章◆成長の常識に縛られるな！

◎常識を破る急成長へのヒントとは？

カバー装丁◆小島トシノブ（NONdesign）
本文イラスト◆橋本金夢／盛本康成
本文ＤＴＰ◆ダーツ

# プロローグ

# 「小さい」を武器に逆風下で生き残れ！

大きくしようとするから失敗する

## ■――小さな会社が生き延びやすい時代が来た！

「ははあ、おもしろい時代になってきたな……」

町を歩きながら、テレビのニュースを見ながら、経済人の話を聞きながら、最近、そんなふうに思うことが多い。

もちろん、世の中は暗い話題ばかりだ。

中小零細企業がどんどん潰れている。廃業、休業も増えている。

地方の町に行けば駅前はシャッター通りだ。

格差社会で、金持ちはどんどん金持ちに、貧乏人はどんどん貧乏になっている。

これからという若者が低収入で苦しんでいる。

――これの、いったいどこがおもしろいのか。不快に思う方がいたら謝るが、ちょっと私の話も聞いて欲しい。

なにが、おもしろいのか――。

いまの日本は、これまで経験したことのない事態に直面している。

右に上げたこともそうだが、もっと根本的な問題として、2005年以降、人口減少が進んでいる。

ある推計によると、2050年の日本の人口は約9500万人にまで減ってしまうそうだ。単純計算すると、1年で70万人以上も減っていくことになる。70万人！　半端な数ではない。新潟市や静岡市クラスの政令指定都市が年に一つずつ消えていくのだ。2007年末現在、日本の政令都市は17市。横浜、名古屋、大阪のように200万人以上が暮らす都市もあるが、最近政令都市となった新潟市や浜松市などは80万人程度。この街が1年に一つずつ消えていくのだ。

それだけ市場が縮小していく。大変なことだ。国内市場だけを相手にしていたら、どんな商売でも苦しくなる運命にある。

しかも、世の中の変化がとんでもなく速くなっている。ドッグ・イアーと言われるのはご存知のとおり。

犬は人間の約7倍の速さで成長する。世の中の動きがこれと同じように、これまでの7倍にスピードアップするということだ。従来10年かけて変わってきたことが、たったの1年半弱で変わってしまう。1年かかったことは2カ月弱、半年かかったことは25日だ。

めまぐるしく変化する。

市場は縮小し、世の中は猛スピードで変化する。そのような状況の中で、会社を継続させ、できれば大儲けしたい。そんなことが可能かどうか。まして、我々のような小さな会社に――。

それには、どうするか。誰も経験したことがない、ということを逆手にとることだ。

こんな時代には、これまでのやり方や考え方はいっさい通用しない。いままでの経験は糧にならない。すべてを忘れてゼロからスタートする――そう思い切れるかどうか。ここが分かれ道だ。

猛スピードで変化する時代は始まったばかり。ゼロからの横一線のスタートなら、あなたにもチャンスがある。先に一気に抜け出すか、それとも満を持して鋭い差し足で他を離すか――。

変化について行くには小さいほうがいい。小回りがきくから変化に対応しやすい。間違えたと思ったら、即座に方向を変える。試行錯誤にも小さいほうが適している。

つまり、小さな会社が生き延びやすい時代が来たということだ。変化に対応できない企業は、たとえ大企業であろうと、いずれ滅びていく。おもしろくないだろうか。

「それでも、中小零細は、大企業と比べてハンディが大きい……」

たしかに、ヒト、モノ、カネ、情報、どの経営資源を取り上げてもハンディがある。しかし、この「ハンディ」は解決不可能なのか。断じてそんなことはない。これまでの常識にとらわれずに発想すれば活路は必ずある。

たとえば、パソコンを中心とするＩＴ。フル活用すれば一人で何人分もの仕事がこなせる。これまでよりはるかに少ない人数で可能になる。ヒト、情報の面で大きな利をもたらす。だから敬遠することなく導入することだ。

カネの面では、これまでの「必要な資金は銀行で借りる」というやり方をやめる。借りるのではなく集める。ファンドを利用するという新しい方法もある。活路はあるのだ。

脱常識は状況認識でも必要だ。これまでの発想を捨てて、目の前の状況に応じて策を練る。それが最上のやり方だ。

## 「これだ！」と思ったら、即、動く

これまでの価値観や常識にとらわれずに、現実を見つめ直すと意外な実像が見えてくる。

景気後退の足音が聞こえる中でランチに５０００円もとるレストランは満杯だし、表参道の高級ブランド店では何十万もするバッグが20代くらいの女性にどんどん買われていく。６個で1万円という桐箱入りの桃が超人気となっている。

新幹線に乗れば、グリーン車と自由席が満杯で指定席はガラガラ。銀座のビルだと、上階の水割り1杯5万円という高給クラブと、1階の安い焼鳥屋は満杯なのに、途中の階のクラブでは閑古鳥が鳴いている。

消費者の行動は刹那的になった。「○○がいい」となると、みな一斉にダーッと流れる。「××がいい」と言うと、そちらに走る。私は、このような現象を「瞬間大衆迎合」と呼んでいる。テレビで「納豆で痩せる」と放映されると、ドッと人が押し寄せて店頭から納豆が消えたというのも、これだ。

こういう、一種わけのわからない状況に対応するのに、まずリサーチをして売れ筋を見きわめ、周到な準備をして体制を整えて……などと悠長なことをやっていては間に合わない。他社に出し抜かれてしまう。

「これだ！」と思ったら、即、動く。小さな会社だからこそ、それが可能なのだ。そこに小さな会社が勝ち残る大きな可能性がある。

だから、おもしろい時代なのである。

逆風下を生き延びるヒント❶

## 社長は理念や信念に固執するな！

「先生、ぜひ、これを見てください。これが我が社の経営理念です。私の信念です。考えに考え抜いて決めたものです。大企業に負けていませんよね……」

何軒もの写真館を経営し、写真の質ばかりでなく、センスの良いアルバムの作成やスピードで人気を集め、波に乗っている会社の社長室。応接セットから腰を浮かして社長は、誇らしげな雰囲気を漂わせながら、理念の由来と意味合いについて熱弁を振るう。社長の目の先には毛筆で大書した文字が麗々しく額に入れて飾ってある。

「顧客第一」——。

なるほど、写真館の社長の商売にはなくてはならないものだ。それはそうなのだが……。

「経営理念」とは魅力的な言葉だ。

社長の志をくっきりと提示し、自らを奮い立たせ、社員を一つにまとめる。対外的にも会社の意義や方向性をアピールする。

「人間尊重」「社会貢献」「お客様満足」などという短いものから、「お客さま第一の考えに基づき真心の経営を通じて豊かな人生の実現に貢献する」などという長いものまで、会社によってさまざまだろう。

どれも立派な内容だ。だが、小さな会社に本当に必要なものなのか。むしろないほうがいい、というのが私の考えだ。

カッコいい経営理念を持ちたがるのは、どこかで大企業への憧れがあるからではないか。そのマネをしたいのではないか。だとすれば、やめたほうがいい。

単なる美辞麗句になりがちだし、商売の実態とかけ離れていれば社員からさえバカにされる。それに、いったん口に出した言葉は、その人を縛ることにもなる。中小の強みは変わり身の早さなのに、経営理念が自由な発想や行動を妨げることになっては、なんにもならない。

＊　　＊　　＊

信念とか確信、ポリシー、信条といったものにも似たところがある。

小さな会社の社長には固い信念の持ち主が多い。

「ラーメンは味で勝負。味ならどこにも負けない」

そんな考えを持つラーメン店の社長がいるとしよう。だが、自分の思いとは裏腹に商売はあがったり。すると、こんなことを言い出す。

「あのラーメン屋は、チェーン店を始めたら味が粗くなった。あれじゃ、ダメだね」
「うちも宣伝しさえすれば、もっとお客が来るんだが、俺は宣伝とか嫌いでね」
「うちは醤油一筋。ミソとか豚骨とか、そんな邪道はやらないんだ」
「近頃の若いのはラーメンの味がわかってないよ。インスタントものばかり食ってるから」

こちらはウンウンと聞いてはいるが、内心、「この社長、ちっともわかってないな」と思っている。

ご本人はそうではないかもしれないが、どの言葉も繁盛していないことの言い訳のように聞こえる。おかしな話だ。

繁盛していないのは、要するに、お客さんから味やお店を選んでもらえていないのだ。それだけの話。それが最も肝心なことなのだ。他店のせいでもないし、宣伝しないせいでもない。近くに他の店がなくても、大いに宣伝しても、おそらくお客は来ないだろう。ましてて、お客の舌のせいにするなど論外だ。他の店を非難する暇があったら、我が身を省みるほうがいい。

この社長は、味で負けたのでもなく、宣伝で負けたのでもない。ラーメンづくり、あるいは商売に対する考え方で負けたのだ。

おそらく、心の底で「いや、俺は絶対に信念を曲げない。負けるものか！」などと思っている。だが、これは大いなる勘違い。**社長の仕事は商売を成功させることであって、信念を貫くことではない。**商売を成功させるのに邪魔なら信念などさっさと捨てるほうがいい。

「自分の味で勝負」などと言っていないで、お客が気に入るような味に変える。お客さんを呼び込むには、お客さんに好まれること。好まれるような味にし、好まれるような店構えにし、好まれるような接客をする。言い訳をするなど、勘違いもはなはだしい。

醤油味で油っぽい味付けでやって来て、客足が遠のいたらカツオ出汁のサッパリ系にしてみる。

とバター味とどっちが好まれるかをじっと観察して、好まれるほうを充実させる。ラー油をかける人が多ければ、少し辛めの味に変えたり、激辛メニューを加えてみる。ネギを欲しがる人がいたら、好きなだけ使えるようにざく切りを器に入れてテーブルに置いてみる。

そういうふうにしっかりお客を観察して、より好まれる方向に臨機応変に変えていく。一度でダメなら二度、三度と試してみる。それが経営努力というものだ。それが容易にできることが小さな店のよさなのだ。

百年続いた店のように「これがうちの味」などとふんぞり返っていてすむ時代ではない。現に、伝統にあぐらをかいていたせいで、いわゆる老舗の店やメーカーが軒並みおかしくなっている。自分をお客より高いところにおいて偉そうにしているから、足もとをすくわれるのだ。

理念や信念は、往々にして周囲への目配りを鈍らせる。理念や信念に固執しているせいで、世の中の変化に疎《うと》くなる。

理念や信念は人をミスリードする恐れがある。すっぱりと捨ててしまったほうが周囲への目を鋭敏にし、行動を自由にしてくれるはずだ。

## 銀行を頼りにするな!

「銀行に裏切られた。融資ストップで明日の手形が落ちないんです。何とかなりませんか」——。

引きつったような声で電話をかけてきたのは大阪の電気工事会社の社長。手形決済に2000万円必要なのだが、銀行は「半分しか出さない」と言ってきた。

「血の出るような思いをしてリストラして、ようやく黒字になって、大口の受注もできて、さあこれからというときなのに……」

うめくように言う。銀行とのつき合いはもう30年以上。互いにツーカーでやって来た。2億円の負債はあるが、良好な関係を続けてきた。それなのに、いきなりこの仕打ちだ。

「本社からの指示で一律、融資額を減らすことになったと言うんです。そんなバカなことがありますか!」

悲痛だった口調がしだいに怒気を帯びてきた。

バブル崩壊による不良債権処理を口実に、銀行が貸し渋りを始めたのは10年ほど前のこと。その後、「不良債権の処理は終わった」と国も当の銀行も発表したはずだが、それで融資の枠が広がったかというと、そんなことはない。貸し渋りは相変わらずだ。

追加融資の拒否だけではない。

「これまでの負債を一括して返せと言ってきた！」

「これまでOKだった手形の割引を急に断られた！」

「格付けを下げられたうえに、金利も上げられた。とにかく一方的だ！」

「手形貸付の折り返し融資を頼んだら、もうダメだと門前払い！」

「担保に入れている土地を任意売却しろと迫られた！」

「預金で借金を帳消しにしてくれと問答無用のやり方だ！」

……ありとあらゆる手段を使っていることがよくわかる。これが、いまの銀行の実態だ。「貸し渋り」「貸し剥がし」は日常茶飯事だ。

かつて銀行はこんなではなかった。企業と銀行は持ちつ持たれつ。多少返済が遅れたくらいで、「すぐ返せ」とか「もう貸さない」とは言わないものだった。会社の成長を長い目で見ることが銀行のためにもなった。そのことがわかっていた。

それがバブル崩壊を境に激変した。銀行にマイナスなことは徹底的に排除する。そのためには

嘘もつくし、だましもする。かつて「紳士的」の代名詞だった銀行マンの面影はみじんもない。「もはや、あこぎな金貸し以外の何ものでもない」と吐き捨てる社長さえいる。

遡って考えると、銀行はもともとこんなものか、とも思えてくる。

日本で銀行ができたのは明治になってから。国がつくり、さらには維新で仕事をなくした元武士が出資して全国あちこちにいわゆる士族銀行をつくった。財閥系の都市銀行もできたが、いずれにしても、庶民にはなじみが薄い存在だった。戦後になっても、小さな会社にカネを貸すなどということはなかったし、こちらもそういうものだと思っていた。それでずっとやってきた。

それが変わったのが昭和30年代後半。銀行が小さな会社にもカネを貸し始め、40年代にはそれがふつうになった。ちょうど高度経済成長の時代だ。

だから、小さな会社を相手にしないいまの銀行は、昭和30年以前に戻ったと言える。小さな会社と銀行の〝甘い関係〟は、50年で終わったと考えれば納得がいく。

＊　＊　＊

いまの銀行は、昔のように小さな会社の成長を支えるような金融のプロではない。逆に言えば、小さな会社が銀行に頼る時代は終わったのだ。それどころか**銀行と信頼関係を築こうとするのは危険でさえある**。担当者レベルで融資の話が進んでも、本部の指令とかで態度が一変してしまう。

では、商売に使うカネをどう調達するか。発想を変え、銀行に頼らない方法を考えなくてはならない。

## 逆風下を生き延びるヒント③ 商売の種類にこだわるな！

地方での講演に行くと、参加している社長の皆さんの目が実に真剣なのが印象的だ。「何とか生き延びよう」「事業を立て直そう」という必死さが伝わってくる。

それはそうだろう。いまや、勝ち組、負け組がはっきり分かれた。しかも、勝ち組は勝ち続け、負け組は負け続け、格差は広がる一方だ。

中小企業もどんどん倒産している。2007（平成19）年の倒産件数は1万4000件。2年連続で増え、過去4年でもっとも多かった。その結果、12万人を超える人が解雇の憂き目に遭っている。今後はさらに増えるとの予想がもっぱらだ。

「いくら頑張ってもいい目が出ない」「うちももうダメかも知れない」――。社長たちの悲鳴が聞こえてくる。

「先生、どうしたらいいでしょうか」とすがりつくように言われて、

「思い切って商売替えをしたらどうですか」と言うと、

「とんでもない。これでずっとやってきたんですから」「いまさら、別の商売なんてできるはずがないでしょう」

そんな声が返ってくる。

日本人は「いっしょうめい」が好きだ。「石の上にも3年」「雨だれ石をうがつ」も好まれる。

「いっしょうけんめい」は、もともと「一所懸命」と書いた。「一所」とは主君の領地のことで、

そこを家来が命がけで守るという意味だ。いまは「一生懸命」と書くことが多い。

どの言葉も、「一つのことを必死でやり続ける。それがよいこと。そうすれば道が開ける」が共通の意味合いだ。

たしかに、こういう態度、生き方は価値がある。「一つの商売に、生涯、打ち込む」――。美しい人生だ。

だが、これでは潰れてしまう。負けるに決まっているところで勝負を続けるのはムダ、と言うより無謀というもの。ヤケクソになっても、一つも良いことはない。

＊　＊　＊

いま、好調な商売とダメな商売が、はっきり分かれてきた。

繁盛しているのは、「電・光・石・化」。「電」はエレクトロニクス、「光」は光ファイバーなどオプティカル関連、「石」はセラミックスなど新しい材料、「化」はバイオ関連である。これらに、情報、環境、自動車、精密工業、加工食品が続いている。

以上が勝ち組。これ以外は負け組である。

特に悪いのは、建設・土木、バス・タクシー、ホテル・旅館、小売店、病院・学校、第三セクターなどだ。

すっかり二極化している。この中で、自分の会社をどの位置につけるのか——。たとえば、ずっと小売店を続けるのか、それとも環境関連に切り替えるのか。直接、その商売をしなくても、下請けとして入ったり、商品供給でのつき合いをしたりする道もある。

勝ち組につくか、負け組につくか——。どちらの業種とつき合うかによって天地の差がつく。成長を目的として商売を替えることを、私は「変化」でなく「進化」と呼ぶ。環境の激変期には、うまく進化するものだけが生き延びる。

だから、いままで続けてきたからという理由だけで、これまでの商売にしがみつくのはやめたほうがいい。

「勝ち組といっても、ぜんぜん知らない商売じゃ、いくらなんでも無理だろう」「いままでの体験を少しでも活かせる業種のほうがいい」という声も聞こえる。もっともだ。そういう方向でうまくいくなら、それでいい。

しかし、結果を期待できなければ大胆な進化に躊躇してはいけない。未知の世界に飛び込むことが活路を開くことになる。

＊　＊　＊

立志伝中の人物に破天荒な「進化」を繰り返した人物は多い。

たとえば、霊園・墓地関連事業で株式上場を果たした会社の社長は、実家の鉄工業倒産後、DM代行業からスタートし、健康食品の通販、会員制の旅行クラブ、不動産業、造園業、墓石販売という遍歴をしている。みごとなまでに関連のない分野へ転身の連続である。少なくとも端からはそう見える。

**勝ち組になりたかったら商売を続けることが大事**なのであり、商売の種類にこだわる必要はない。そういうしたたかさが必要なのだ。

## 大企業の後追いをするな！

分譲マンションの販売で急速に業績を伸ばした若手社長。彼が手がけるマンションは眺望の良さとリゾートホテルのような管理システムが、ＩＴ分野で成功した若手経営者に受けた。口コミで人気を呼び、どの物件も完成即完売するほどだった。それなのに……。

「けっきょく、あれがよくなかったんですかねぇ」

口調が愚痴っぽくなるのも無理はない。ここ数年で一気に業績が悪化し、いま赤字にあえいでいるからだ。

彼が後悔するのは5年前、業績が伸び悩んだときに導入した成果主義だ。

「物件そのものには自信がある。あとは営業が頑張ってくれれば、なんとかなる。壁を破るためにも頑張った奴に給料をドンと出せば、他の連中もやる気が出るはず。税理士の先生にも、そう言われて」

当初こそ数字は上がったものの、だんだん伸び悩むと同時に営業部門がギスギスしてきた。みんなでワイワイ盛り上がる体育会系のノリの良さが消えた。困っている人がいたら手を貸す雰囲気もなくなり、そのうちやめる人間が続出。さらなる業績悪化を招いたのだ。

「だから、言わんこっちゃない」

相談されたときに反対した私は、心の中でそう思った。

米国流の成果主義が日本でもてはやされたのは、その仕組みが優れていたというより、リストラの一環としての意味合いの方が強かった。「成果に応じて報酬を出せばやる気になる」という経営者にとって都合が良い面だけを見て飛びつくのは危険だったのだ。

そもそも、小さな会社は、商売の仕組みも仕掛けも大企業とは異なる。それなのに大企業と同

じことをやろうとするから失敗する。

ことは成果主義だけではない。「少数精鋭」「立派な経営理念」「法律どおりの決算書」「公私をきっちり分けるお金の管理」など、これまで経営の教科書に必ず記載されたこれらのことは、大企業には必要だが、小さな会社に好ましいやり方とは言えない。

**大企業の仕組みは大企業だからこそ活きるもの。**小さな会社ではそれを活かすことなど不可能だし、形だけマネをすれば小さい会社のよさが消えてしまう。

小回りがきく機動性とスピード、規模が小さいがゆえのまとまりのよさ、柔軟な変化を可能にするフットワークのよさ……大企業にはない、こうした小さな会社のよさを存分に活かすことだ。

重要度の高い情報の収集には、パソコンとインターネットを中心としたＩＴ技術を活用する。情報を手にするスピードは大企業と中小とでそれほど差があるわけではない。要はどのような情報に着目し、それをどう料理するかだ。中小の良さを活かす余地は存分にあるだろう。

これらの条件を兼ね備えれば間違いなく成長する。大企業の二番煎じなど百害あって一利なしである。

● 逆風下を生き延びるヒント⑤

## 会計士や診断士の書いた経営本は読むな！

会社経営に関する本は山ほど出ている。「経営の極意」「最強の経営術」などといった書名に釣られて読む人も多いことだろう。

どんな本も読み手次第で得るものがあるのは言うまでもないが、中には期待外れなものもある。

私が勧めないのは、会計士や中小企業診断士といった肩書きを持つ人が書いた経営の本だ。なぜか。こういう人たちは、実際に自分が会社を経験したことがないからだ。人の経営を端から見て分析するのが仕事で、経営に手を染めたことがない。切って血の出るような生々しい体験をしていない。だから、本の内容に血が通っていない。

一度も経営したことのない人が書いた経営指南本は、一度も包丁を持ったことのない人が書いた料理本のようなものだ。そんな料理本は誰も読まないだろう。実践的な内容、役に立つノウハウが入っていないとわかるからだ。

それに、現実は予想もつかない変化をする。昭和30年代の高度経済成長は奇跡的なものだった。一方で、その後にニクソン・ショックやオイル・ショックにも見舞われた。1980年代後半から90年代の初めまで、バブル景気で沸き立っていたと思ったら、それがはじけると一気に景気が冷え込んだ。

いまは格差が広がって、生活にも困る低所得者層が増加する一方で、高額なブランド品や高給レストラン、高級ホテルに人が群がっている。大企業が空前の利益を上げる一方で、中小企業はどんどん倒産している。これまでの感覚では理解しにくい、わけのわからない事態になっている。だから、どんなに経験のある会計や企業診断のプロであっても、先行きを予測するのは不可能だし、的確な処方箋など出せるはずがないのだ。

それなのに、会計士や診断士が書いた経営本に食指が動くのは、おそらく肩書きのせいだろう。

「こういう人なら、たくさんの会社を見ているはず。客観的に分析もできるだろう。だったらうちでも使える儲けのノウハウを教えてくれるに違いない」

そんな思い込みをしてしまうのである。

会計士などが書いてベストセラーとなった本をのぞいたことがある。たしかに話はおもしろいし、スラスラと読み進めることができる。

一般の人とは異なる視点からアプローチしているから納得させられることもある。

本としては、それだけで上出来だろう。だから、売れる。

だが、会社経営という視点で見ると、本当に役立つ内容とは思えない。読み物としておもしろいだけだ。時間つぶしや趣味の読書なら、それでもいいだろうが、**多忙な社長業の合間をぬって読むほどの価値はない**だろう。

ついでに言えば、エコノミストや経済評論家といった経済のプロの話もあまり当てにならない。

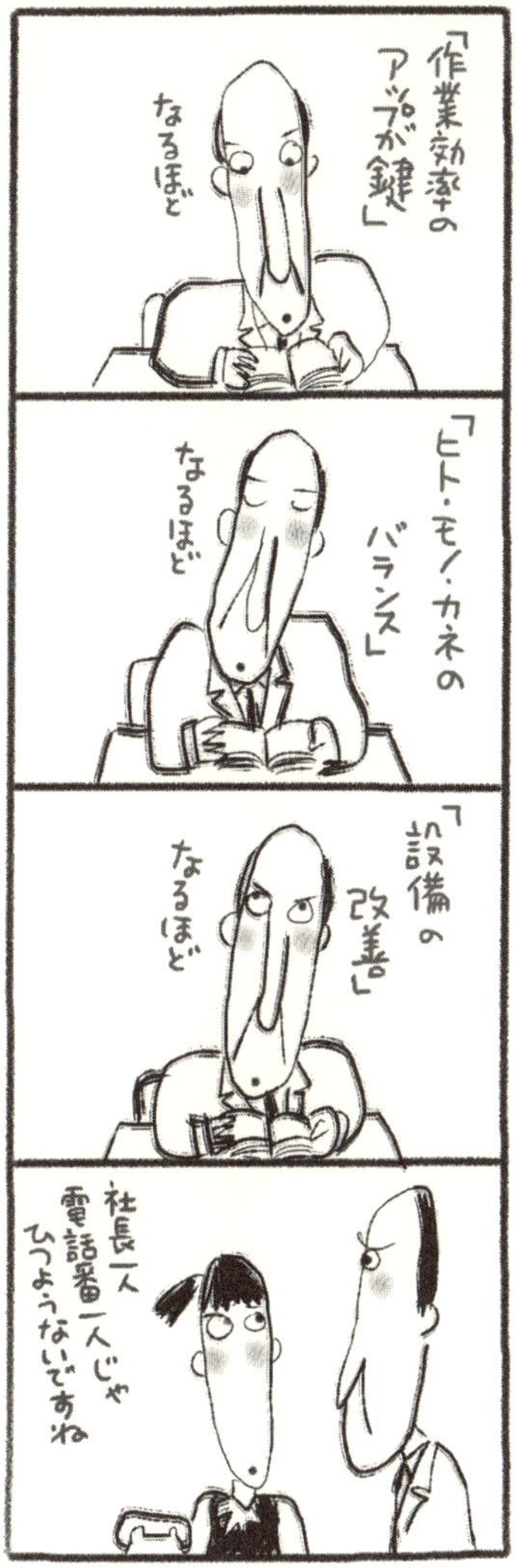
「作業効率のアップが鍵」
なるほど
「ヒト・モノ・カネのバランス」
なるほど
「設備の改善」
なるほど
社長一人電話番一人じゃひつようないですね

バブル期には株式投資や土地投機を煽る、バブル末期には崩壊の兆候があったのに成長持続という楽観的な予測をする、そのくせバブル崩壊後は「あれは異常だった」と言い始める。そんなエコノミストが多いからだ。

ただし、財務関係や税務に関する実用的な内容の本は読むほうがいい。「餅は餅屋」――。内容が正確で社業にもプラスになるからだ。

## 逆風下を生き延びるヒント⑥ 会社を子どもに引き継がすな！

自分が経営してきた会社を誰に引き継がすか。事業承継は小さな会社にとって大きな問題だ。中小企業の経営者の平均年齢は60歳前後。5～10年後までにはなんとかしたい、そう思っている社長は多いはずである。

さて、「お前に継いで欲しい」と言われた子どもが、「はい、わかりました」とすんなり承諾するだろうか。あなたのところは、どうだろう。

相続の仕方は法律で決まっていて、会社を引き継ぐ子どもに全財産を相続させることはできないし、相続税の負担も小さくない。子どもが引き継ぎを拒否することもある。

子どもへの事業承継には高いハードルがいくつもある。

ある調査では、子どもが会社を引き継ぐ割合は20年以上前には約8割だったが、最近は4割に減っている。中小企業は年間約27万社が廃業するが、後継者不足を第一の理由としてあげるケースが約7万社もある。

親の思いとは裏腹に、現実は、きわめて厳しい状況だ。

「子孫に美田を残さず。あなたの事業をそのまま子どもに引き継がせるのはお辞めなさい」

相談されると、私はズバリとこう言うことにしている。どの社長も実に複雑な顔をする。「会社は私の代で終わりですか」と肩を落とす。

「ちょっと待ってください。廃業しろなんて言ってませんよ」

「だって、子どもに引き継がせないのなら、それしかない」

よく聞いて欲しい。私は、いまの事業をそのまま引き継がせるな、と言っている。「そのまま」という一言が入っている。この一言があるかどうかでまったく違う。

言い換えれば、いまとは別の事業で引き継がせたらどうですか、ということだ。

事業承継というと、「同じ事業をそのまま引き継ぐ」と考えるのが一般的だ。これが、これまでの常識だった。もちろん、それが可能なら、それでもいい。

しかし、それが望めないなら、違う事業をやらせたらどうか。会社さえ残れば、何をやってもいいのではないか。そう思い切れば、別の可能性が見えてくる。

いまよりもっと儲かるような商売に変える。あるいは、子どもが希望する商売をする。いまはそこそこでも将来に期待できる商売に賭けてみる。

すべてを白紙に戻してゼロから考えてみるといい。

ＩＴ関係の情報機器を販売している20代の経営者がいる。聞くと、彼の父親はスポーツ用品の小売業だった。さらに、その父親、つまり彼の祖父は建築業なのだという。

「じいさんの頃から私の代まで、仕事も人もガラリと変わりました。なにしろ、会社の名前も3回変えましたからね。それで、うちは今年で創業70年なんです」

彼は、あっけらかんとそう言って笑うのである。

業種にこだわらないどころか、社名にさえこだわりがない。よくぞここまで自由になれるものだと舌を巻いた。これからの事業承継には、これくらい柔軟な発想が必要なのだ。

これから起業する人は、最初から「子どもに継がせる」などと考えないほうがいい。この激動の時代、商売は3年で片をつける。**グンと大きくなるか。それともポシャるか。とりあえず3年がメド**である。たかが3年だ。ガムシャラにやればいい。

では、どのような商売がいいか。ここは考えどころだ。じっくり検討して欲しい。何をやるにしても、消費者のことがわかっていないと失敗する。

いま、消費はどう動いているか。ポイントは五つ。「カ・キ・ノ・タ・ネ」を押さえることだ。

「カ」は環境、身体、介護の頭文字。――環境への関心が高まっている。いつも健康でいたいというのは万人の希望。アンチエイジングも同じ。高齢化で介護はますます重要になってくる。

「キ」は綺麗の頭文字。――美しくありたいということ。「カ」と合わせると、健康と美しさを追求するヘルシー&ビューティー。サプリメントも売れている。この分野をねらった会社はどこも急成長している。

「ノ」は呑気の頭文字。——癒しがキーコンセプト。アロマセラピー、リフレクソロジー（足つぼマッサージ）、ヒーリング・ミュージック、ハーブ、森林浴、温泉と露天風呂、ガーデニング、ペットと、どれも癒し系のブームと言える。

「タ」は楽しいの頭文字。——健康で綺麗になったら、さて次は楽しく遊びたい。誰でも、そう考える。どう遊ぶか、どう遊ばせるか。ディズニーランドなどのエンターテインメント系、爆発的に売れたニンテンドーＤＳなどの家庭用ゲーム機などが、このグループに入る。

「ネ」は年季、つまり専門特化したモノや人の頭文字。——「○○のチーズケーキ」「△△のアイス」など、特別な商品、あるいはカリスマ店員、カリスマ美容師といった人に人気が集まる。

＊　＊　＊

こうした消費者の動向をきちんと分析したうえで、「何ができるか」「何がやりたいのか」「何に挑戦するか」を子どもを交えてじっくり検討する。もちろん、これまでの商売にも社名にもこだわらないこと、いったんすっぱり捨てることも含めて考える。そこから次の展開、私の言う「進化」の道筋が見えてくる。

以下、本章で小さくても儲かる会社になるための具体的な方法を見ていくことにしよう。

# 1章

# 会社の事業にこだわるな！

小さい会社ならではの
「経営の考え方」を身につける

# 1 タフで軽やかな女性のビジネス感覚に学べ

## 会うたびに名刺の肩書きが変わる女性社長

フィギュアスケートの浅田真央や安藤美姫などを見ていると、

「日本の女性は変わったなあ」

とつくづく思う。かつて日本人選手は背が低くて短足で出っ尻（失礼！）だから、演技の美しさで勝負するような競技だと、体型だけで割を食う。どうしても見劣りがした。それがガラリと変わった。背は高くなり足はスラリと長く小顔で、欧米の女性と遜色ないスタイルになった。日本選手のほうが美しいとさえ感じるくらい。我々の年代には、実に感慨深いものがある。

女性陣の変貌ぶりはビジネスの世界でも目を見張るものがある。特に若い女性たちの起業欲と軽やかさは、少し大げさに言えば瞠目に値するほどだ。

ある雑誌に掲載するということで、以前、私のところに取材にきたフリーライターの女性がいる。20代後半くらいの印象だった。しばらくしてもらった年賀状にアロマテラピーの店を開いたとあった。取材で興味を持ち、店を持つほどにのめり込んだのだという。その後、なにかのパーティーで会ったときにもらった名刺には「エステティシャン」の文字が入っていた。感心している間もなくエステの開店案内が来て、すでに5店めだという。

ごくふつうのハキハキしたお嬢さんという印象だったが、なかなかやるものだ。いまごろは20億、30億といった商いをやっているのではないだろうか。

彼女が特殊なのではない。こういう若い女性がたくさんいる。会うたびにもらう名刺の肩書きが変わっている。そのたびに印象も変わる。あるときフラワーデザイナーをしていると思うと、次にはイベント企画会社を立ち上げ、さらに貿易会社で大儲け……関心や興味のままにどんどん商売を替えていく。

40歳前半以下の若い女性経営者はたいていこんなふうだ。経営者と言っても、親の会社を継いだのではなく、自分で起業した会社なのだから脱帽である。

## ■――「おもしろそうだからやる」「儲からないからやめる」の軽快さ

「なぜ、こういう会社を始めたんですか」

何人かの女性経営者に素朴な疑問をぶつけてみた。返ってくる言葉は一言だ。

「おもしろそうだから」

即答である。実に明快だ。どの女性も同じように答える。

突っ込んでも、それ以上の言葉は出てこない。「おもしろそうだから。それだけで十分。何か変ですか」。しつこく聞くと、そんな言葉が返ってくることさえある。

前の会社をたたんで新しい会社を立ち上げた女性に、

「なぜ、会社をやめたんですか」と聞くと、やはり判を押したように同じような言葉が返ってくる。

「だって、儲からないから」

なるほど。たしかに儲からない商売はやめたほうがいい。商売をやめるのに、これほど明快な理由があるだろうか。

こんな感覚で起業したり廃業したりする女性がごっそりいる世の中になったのである。

「石にかじりついてでも」とか「苦節○年」とか「△△一筋」とか、そういう世界ではないのだ。

あっけらかんと商売替えをしていくのである。

## ■――手作り感覚だからコストはかけない

そんなやり方だと、いつかごっそり借金を抱えるハメになるのではないか――。多少とも世間の荒波をくぐってきた我々は、そんな心配をしたくもなるのだが、「そこは女性」と言っていいかどうか、彼女たち、けっこう堅実なのである。

開業資金は親や友人に頼み込む。返済は、いわば「出世払い」。若いこと、女性であることは、一面、危なっかしさを感じさせもするが、その一方で、周りに「応援しよう」という気持ちを起こさせる。ちゃっかり、周囲のそんな思いに乗じる。

それで、たとえばイタリア料理の店を出す。うまくいかないのでラーメン屋にしよう、といったときに、内装などは自分で買ってきた生地を壁に貼って、何となく中華風にしてしまう。これなら、そんなにお金はかからない。

前の商売を引きずって「ラーメン屋でイタリアン」などと言ってスパゲッティをメニューに加えたりする。まさに素人ならではの大胆さ。当然ながら最初はおもしろがってもらえても、やがて客足は遠のいていく。

転身はさらに続いて、今度は「アクセリーの店」にしたりする。われわれ男には及びもつかな

いのが改装のやり方だ。カウンターとかテーブルはそのまま使う。自前のエスニック風の布か何かをかけて、壁には自分や友人の小物で飾り付けをする。これで完成。お金をかけずに、あっという間にアクセサリーショップに早変わりさせてしまう。

商売の仕方が道楽風というかホビータッチというか、だからこそ手作り感覚で商売ができる。そのせいで出銭が少なくてすむ。甘っちょろいと言えばそうなのだが、けっこう手堅い金銭感覚、商売センスと言えるだろう。

しかし、こんなふうにしていろいろやっているうちに、ポン！　と当たりが出たりする。

さっきの女性の続きで言えば、アクセサリーの店がそこそこうまくいって、商品の仕入れに海外に行くようになる。たまたまスペインのノミの市に買い付けに行ったとき、本場のフラメンコを見てのめり込む。帰国してフラメンコ教室に通い詰め、才能があったのかどうか、すぐに教える側に回って、いつの間にか自分の教室を持つようになって大繁盛――。

まるでマンガのような話だが、こういう例はいくらでもある。本人は「商売をしている」というより「興味のあることをおもしろがっているだけ」という感覚だろう。

だが、それだからこそ、商売を続けていけるのだ。この変わり身の多様さとスピードこそ、小さい会社ならではのやり方と言える。

## ■男の意地やプライドなんて捨ててしまえ！

もう一歩踏み込んで考えると、女性と男性の生活感の違いのようなものが見えてくる。

男は商売にすべてを賭ける。「俺はこれで食っていく」「生活の基盤はこの商売でつくる」――。そういう決意で商売に取り組むのがふつうだろう。

しかし、女性は違う。商売で生活できなくてもかまわない、という感覚だ。で、どうするかと言えば、生活費は、他の仕事で稼ぐのだ。

「私の仕事場はこのお店。バイトは単なるカネ稼ぎ」「おもしろくやっていることが仕事。お金を稼ぐのは生活するために必要だから。それだけのこと」——どうもそんな割り切り方をしているようなのである。仕事イコールカネ稼ぎではないようなのだ。

だから、昼間は自分のお店で宝石を売って、夜はクラブでホステスとして働く、などというやり方に違和感を持たない。ある意味、男性よりずっとタフなのである。

男性は、こうはいかないだろう。うまくいってもいかなくても、商売は商売。商売が自分の仕事で、その稼ぎが暮らしの土台。だから、昼に自分の仕事をして夜は警備員で生活費を稼ぐとか、商売は週4日で、それ以外はビル掃除のアルバイトとか、そういう考え方はまずしない。それが男の発想というものだ。

キッパリしていてカッコいいが、これからは、それ一辺倒ではキツいだろう。

せっかく小さな会社を経営しているのだ。その特長を最大限に活かそう。「男だから」などといった意地やプライドは捨てたほうが軽やかになれる。**軽やかなほど商売がしやすい。軽やかでないと商売は立ちゆかない。**そういう時代なのである。そう割り切ったほうがいい。

そうは言っても、これがなかなか難しい。「理屈ではわかるんだが」というわけだ。特に50歳以上の人は無理かも知れない……。

# 2 商売の決着は3年でつける

## 技術革新が進むと商売も激変する

21世紀に入って、技術革新のスピードがますます上がってきた。

携帯電話が、その好例。「写真も撮れるようになったか」と思っていたら、すぐに動画も撮れるようになった。感心したのもつかの間、インターネットに接続できるようになって、最近ではレジでピッ！　と支払いを済ませる人を見かけるようになった。「おサイフケータイ」というそうだ。

いま目につくのは、大流行している薄型テレビである。どれだけ薄くできるか——各メーカーの競い合いはヒートアップするばかり。ついに2センチという製品まで出てきた。2センチというと単行本程度である。同時に大型化も進んで、65型まで開発された。

技術革新が進むと商売が変わる。

薄型テレビの場合、先行したのはシャープだった。

ブラウン管全盛の時代に、世界に先駆けて巨額の資金を投入して開発に取り組んだ。他のメーカーは様子見を決め込んでいたが、シャープが製品化を始めた頃に一斉に参入。たちまち激しい競合状態になって、おそらくシャープは、いわゆる先行優位性に関して期待したほどの利益を得ることができなかったのではないだろうか。

いまでは世界的に見れば、韓国のサムソンや台湾勢のやや後塵を拝することになっている。

私がみるところ、携帯電話はほぼ2年ごとに技術革新が進んでいる。薄型テレビでもシャープが完全に優位に立っていたのはせいぜい3年間くらいのことだった。

他の分野でも同じようなテンポで進んでいると見ていいだろう。およそ3年で世の中は大きく変わる。ということは、商売も3年で激変するということだ。

## 消費者の好みも3年でガラリと変わる

NHKの朝の連続テレビ小説とか日曜日の大河ドラマは高い視聴率をとる番組だ。見ている人も多いだろう。ファンを自認する人もけっこういるはずだ。

では、そういう人にお聞きしたい。3年前の朝ドラ、あるいは大河ドラマは何だったか覚えているだろうか。

いまから3年前、つまり２００５年の朝ドラは「ファイト」と「風のハルカ」、大河ドラマは「義経」だった。タイトルだけでも、即答できる人はあまりいないのではないか。主人公の名前や役者、ストーリーとなると、よほどのマニア以外は思い出すことができないはずだ。

昔はこんなことはなかった。

たとえば「おしん」。小林綾子、田中裕子、乙羽信子と3代のヒロインまで覚えている。大河ドラマなら「竜馬が行く」とか「太閤記」だとか。ちなみに「おしん」は20年以上前、「竜馬」や「太閤記」は40年前の放映だ。

なぜ、記憶に残るようなドラマがなくなったのか。

他の娯楽が増えたとか、内容が小粒になったとか、民放が頑張っているとか、理由はいろいろあるだろうが、私は、見る側の好みの変化が激しくなったせいだと考える。

思うに、「おしん」や「太閤記」の頃は、10年単位、20年単位で世の中が動いていたのだ。我々の好みやニーズ、いわゆる消費者動向の変化はそれくらいのスパンでやってきた。ところがバブル期以降、急激にアップテンポになって、１９９１年のバブル崩壊後は3年でコロコロ変わっていく時代になった。だから朝ドラも大河ドラマも記憶に残らずに消えていくのだ。これからは、もっと速くなるかも知れない。

昔に比べて、ずいぶんとあわただしくなってきた。皆さんは、そう感じないだろうか。消費者のニーズがどんどん変われば、売れ筋商品の寿命が短くなるのも道理というもの。ヒット商品のライフサイクル、要するに売れ筋の寿命の移り変わりを調べた調査がある。それによると、寿命が「5年超」の商品は、1970年代以前は6割近くを占めていたが、年々低くなって2000年代には2割を切るほどになってしまった。

同じように70年代以前は1・6%とごくわずかだった「1年未満」の商品は2割弱を占めるほどになり、約6%程度だった「1～2年未満」の商品が3割を超すようになった。「3年未満」を合わせると75%に達するのだ。いくら売れてもこれが限度。やはり「3年」なのだ。

## 若い社員が3年で辞めるのは当たり前

2006年にベストセラーとなった本に『若者はなぜ3年で辞めるのか?』というものがあった。副題の「年功序列が奪う日本の未来」には異論があるが、それはともかく、今の若者たちは会社に入っても「3年」で辞めてしまうのが実態らしい。厚労省の調査でも、大卒新人で入社3年以内で辞める者が3割以上という結果が出ている。

私の周囲でも、東大など一流大学を出た若者でも3年以内で辞めている人がけっこういる。「いったん入った会社には一生勤める」というのは昔の考え。3年で辞めてしまう若者に対して、「そんなに気まぐれでどうする」とか「大した仕事も覚えないうちに辞めるのか」「しょせん根気のない怠け者なんだ」とか言いたい人も多いだろう。

私は、そう見ていない。

おそらく、時間の感覚が我々と違うのである。彼らの1年は、我々にとっての10年なのだ。とすると、「入社3年」は昔なら「入社30年」。大卒で22歳で入って、30年経ったら52歳。そろそろ定年が見えてくる年齢になる。会社を辞める頃合いなのだ。だから辞めていくのである。

彼らを非難しても何にもならない。そういう時代になったと認識を新たにすることが肝心だ。「3年」という時の流れを「すごく短いなあ」と思うのは年寄りの感覚だ。「3年？　そんなに経ったのか」と感じなくてはいけない。そうでないと21世紀のサバイバルはむずかしい。

昔の10年はいまの1年。このことは会社経営にも通じることなのである。次にその話をしよう。

## ■――会社経営は3年単位で考える

会社を興したら、グンと伸びて大儲けするか、それともパッと散ってしまうかは3年で決まる。社長から言えば、3年でドンと大きくしないと、あとはジリ貧の運命が待っているだけ、ということだ。

そのくらいの気持ちでやらないと、生き残ることさえむずかしい。

なにしろ、技術革新は3年ごと、消費者ニーズも3年単位で変わる。入ったばかりの社員は3年で辞めてしまう。そういう時代なのだ。「10年後には必ず」とか「20年、必死でがんばれば…」とか言っていられない。

「これだ！」と思って手をつけても3年経てば様変わりしてしまう。「3年が勝負」というくらいの心意気で臨まないと、あっという間に世の中の流れから置き去りにされる。

## ■――「子に会社を残す」など問題外

3年という短いスパンで考えると、子どもに会社を残すことなど論外だ。まさに「子孫に美田を残さず」である。

昔は、自分で興した会社は、子ども、孫、さらに曾孫といった形で、連綿と続くのがあたり前だった。誰もがそんなふうに考えたものだ。「継続が価値」だったのである。しかし、このドッグイアーの時代には、そんなことはまず不可能だ。

第一に、10年後、20年後はどうなっているか、まったく予想がつかない。同じ状況は3年も続かないのだから、10年後、20年後まで会社が存続するというのは希望的観測にすぎない。子どもに引き継ぐことさえむずかしい。

会社の財務状態も関係する。

小さな会社でも、投資のために借金をすることがある。たとえば売上げが2億円の会社なら8000万円から1億円の借金をすることは珍しくない。たいていの場合、それを10年ほどかけて返済する。35歳で借りて45歳で完済というやり方をすると、65歳までに借金と完済を3回繰り返すことになる。

しかし、これはあくまで商売が順調に行ってのこと。そうでなければ65歳、つまり引退のときに借金が残ってしまう。8割の会社がそんなふうになる。

いくら子どもだからといって、借金を抱えた会社を引き継ぐ気になるだろうか。後継者は出てこないだろう。

それでなくとも、中小企業の後継者難は深刻な問題となっている。高度経済成長期に20〜30代で創業した社長はいま50代後半から60代にさしかかっている。そろそろ引退する年齢だが、少子化もあって跡継ぎがいない。帝国データバンクの調査では、社長交代率は3％ほどで、このところ連続して過去最低を記録している。

実際、2006年に全国で約27万社が廃業したが、そのうち「後継者不在」を第一の理由にあげたケースは約7万社、24％に達している。黒字経営の中小企業のうち、半分の会社が後継者問題に直面しているとも推測されている。この数字の裏側に、どれほどの軋轢やゴタゴタ、不和、愛憎劇があることか。

こういう状況を見ると、何代もかけて商売を大きくしていくというプランはもはや成り立たない。**自分が興した事業は自分一代でたたむ。**そのくらいの思い切りのよさが必要だろう。

その点では、米国人のフロンティア・スピリットに学びたい。

西部開拓が盛んに行われた時代、自分で開拓した土地や自分が始めた商売を子どもに譲るということはいっさいなかった。用済みになったら、他人に売り払ってしまう。子どもたちも、親から譲られる、親の跡を継ぐという気持ちはない。親は親、子どもは子ども。それぞれが自分で切り開いていくのだ。小さな会社の社長には、そういう開拓者魂こそ必要である。

# 3 金儲けの最先端は軽薄短小ビジネス

## ■――いまから「新日鉄のような会社をつくる」という社長はバカだ！

皆さんがお持ちの携帯電話を手のひらに載せてみてほしい。

筆箱を半分にしたくらいの大きさで、重さはわずか100～150グラムほど。厚みも1センチ内外だからポケットに入れても少しも邪魔にならない。ちなみに、私が携帯電話を初めて持ったのは18年くらい前のことだ。使っている人がまだ、ほとんどいなかった。便利だろうと買ってみたものの、大きくて重くて、ひどく使いにくかった。

いまはほとんど誰もが携帯電話を持っていて、持っていないと変人扱いされるほどだ。

これほど売れたのは、どこでも電話ができるという便利さや、メールや写真撮影をはじめとした多機能化もあるが、なにより小型化のおかげではないだろうか。軽く、薄く、短く、小さくなったこと。つまりは「軽薄短小」化がポイントだったと言えよう。

この言葉が使われるようになったのは20年ほど前。反対の意味の「重厚長大」と対にして、「重厚長大はもう斜陽、これからは軽薄短小の時代になる」などと言われたものだ。

言うまでもないが、重厚長大とは重く厚く長く大きい製品を扱う鉄鋼やセメント、造船などの産業や共通の特徴を指す。対する軽薄短小はコンピュータを中心としたハイテク関連のことだ。「軽薄」「短小」というふうに分けるとイメージが悪くなるが、この流れはますます加速している。100万分の1ミリ単位を扱うナノテクはこれから成長する分野として動きが活発だ。

いまではまだ重厚長大の産業や会社が幅をきかせているが、これからこの分野で勝負しようとする人はまずいないだろう。「新日鐵のような会社をつくる」「三菱重工をめざす」などと言ったら「私は時代が見えていません」「トレンドが読めていません」と広言しているようなものだ。

時代は、間違いなく、さらなる軽薄短小へと動いている。

## ■激動期こそ小さな会社が大儲けできる

マンモスは巨大化したせいで氷河期に絶滅したと言われる。大型の動物は環境の変化に弱いらしい。

重厚長大型の大企業や産業はマンモスと同じ運命とまでは言わなくとも、停滞期に入ったことはたしかだ。元気がない。それもそのはず。経済の大枠が変化して、彼らの成長に適さなくなってきたからだ。

遡《さかのぼ》ると、明治時代、「富国強兵」をスローガンに国が産業を興し、それを民間に払い下げるという政策をとってきた。繊維、軍事、鉱山、造船、鉄道などの事業が三菱や三井、古河、川崎などの会社に払い下げられた。たとえば、富岡製糸工場は三井、長崎造船は三菱、別子銅山は住友といった具合。

重厚長大型の大企業は、官がつくった会社を安く買い取り、大儲けをして地歩を築いたというわけだ。

戦後でも、国鉄、専売公社、電電公社、郵政三事業などが続々と民営化された。これは要するに現代版の払い下げである。

これまでは、官とのコネクションを持つ連中が、「御上」とつるんでうまくやってきたのである。それが戦後の財閥解体やバブル崩壊などでおかしくなって、たとえば三井銀行と住友銀行の合併などという昔なら考えられないようなことが起こってきた。

談合に対する見方も厳しくなって、がっちりスクラムを組んでいた大企業のあり方が変わってきた。「官」や「政」とのコネクションで儲ける、ということがしにくくなった。「民」同士、同じ土俵での勝負になった。小さな会社にとっては風通しがよくなってきた。チャンスが巡ってきたのだ。

マンモスが滅んだほどの環境の激変期でも、小さな動物や昆虫は生き延びた。激動期には軽薄短小が強い。大型トラックより燃費がよくて、軽くて小さい軽自動車のほうが売れる。小さな会社が儲けられる時代になってきたのである。

ひとりで興した会社でも簡単に潰れはしない。知恵を絞れば急成長することも不可能ではない。そういう時代だ。重厚長大型のやり方や会社を目指すことは愚の骨頂である。

## 四——古くさい中小企業という枠組みにとらわれるな

「中小じゃあ、たいしたことはできない」「そんなに大儲けできるはずはない」

小さい会社でも十分やっていけるという話をすると、こんな反論が返ってきたりする。「中小企業」という枠にとらわれすぎていないだろうか。

中小企業がどんなものかは法律で定義されている。小売業なら「資本金が5000万円以下」か「従業員が50人以下」、サービス業は「資本金5000万円以下」か「従業員100人以下」などとなっているのはご存じの通り。

だが今は、こんな役所風の基準など吹き飛ばしてしまうような会社がたくさんある。

たとえば大阪ヘラクレスに上場しているある企業は従業員は50人なのに、資本金は44億円。従業員の数では中小企業だが、資本金は大企業並だ。ちなみに売上げは170億円である。

従業員が10人しかいないのに資本金50億円とか、昔の人間にはちょっと発想しにくい、中小企業という枠におさまらない会社が、特に不動産関係、金融関係、コンサル関係にたくさん出てきた。

もうひとつは、ホールディングカンパニーという形態。要するに、他の会社の株を大量に持って相手を支配するという持ち株会社で、これもまた、いわゆる中小企業とはかけ離れている。たとえば、情報サービスのCSKホールディングスは従業員が130人余だが、資本金は約730億円、売上高は156億円にのぼる。

人間の身体で重要な機能を果たす頭脳と生殖器は、その役割の重さに反して容量が小さいのと同じように、グループ会社を束ねるホールディングカンパニーも、従業員は中小企業と同じ程度の人数しかいない。

小さな会社の社長自身が、旧態依然たる中小企業像にとらわれてはいけない。もっと自由な発想で構えたほうがいい。そうでないと小さな会社の利点を活かしにくいからだ。

# 「24時間、社長業」は当たり前

## ●オンとオフの切り替えなどありえない●

ビジネス雑誌などには、「仕事のオンとオフを上手に切り替えるべし」などという記事がよく載っている。

仕事をするときは仕事をする、その代わり、休むときにはしっかり休む。電気器具のスイッチを切り替えるように、仕事と休みをきちんと分けよう、メリハリをつけようというのだ。特に休むときは、仕事のことなど忘れて、趣味に没頭したり、頭を空っぽにするのがいい。そのほうが身体にもいいし、ストレスをためないことにもなる。仕事への集中力も高まるし、いいアイデアも出る。オンとオフの切替は、いいこと尽くめだというのがこの種の記事の結論だ。

あなたは、どうだろう。

「そう言えば、ずっと仕事に追いまくられているな」「休みなんて、ずいぶん取ってないなあ」「寝ていても仕事のことを考えている」などという気持ちになるかも知れない。それはそれでかまわないが、「オフがないから頭が回らない」とか「もっとしっかり休むようにしよう」などと考えないほうがいい。

私も含めて小さな会社の社長は24時間ずっと社長として時間を過ごす。「24時間、戦えますか」ではなく「24時間、社長業」。それが当たり前のことだ。

就業時間が過ぎて会社を出たら、もう仕事とは関係ない。休みの日は仕事のことなど忘れて息抜きをする——。これはサラリーマンの発想だ。サラリーマンなら、これでも通用する。

だが、社長、特に小さな会社の社長はそうはいかない。テレビを見ていても晩酌をしていても、酒場で盛り上がっていても町を歩いていても、常に仕事のことを考えている。新しい商品やサービスのネタはないか、商売のあり方を考えるヒントはないか、人を育てるよい方法はないか……考えるべきことはいくらでもある。常にそんな意識でいないとつとまらないのが社長業というものだ。

大企業の社長は、そうは見えないかも知れない。ゴルフ、高級なクラブや料亭、海外旅行などで息抜きをしている印象がある。が、実態はそうでもないはず。ゴルフをしながら商談をしたり、アルコールの力を借りて相手の弱みを探ったり、といったことは珍しくない。倒産寸前の企業を数多く建て直し「再建王」と呼ばれた大実業家、坪内寿夫氏も「酒を飲むなら事業の発展につながるように飲め」という意味のことを言っている。

## 仕事を仕事だと思わない――それこそ社長業の醍醐味

ある社長の話。エステ店のチェーン化が成功して、きわめて羽振りがいい。夜な夜なあちこちのクラブで過ごすのが日課のようになっている。物件や進出先を探したり講演の依頼などで全国を飛び回るから、日本列島の主要都市の高級クラブにはすべてボトルをキープしてあるという強者だ。

「そんなに遊んでいれば出費もかさむし、無駄に時間を過ごすことになりませんか」

などと質問すれば、即座に答えが返ってくる。

「俺はサービス業の真髄は何かを勉強しているんだ。クラブ遊びで世の中が見えてくるし、これから先の動きもわかってくる。俺にとってはすごく大事な時間なのだ」

同じクラブでもホステスの給料は天と地ほど違う。時給が2000円、3000円の店があるかと思えば、1万円、2万円の店もある。同じような接客業なのに5倍も10倍

も差がつくのはなぜか。

社長は、携帯電話で撮影した何人ものホステスの写真を示しながら滔々と説明する。

「みな20歳前後と若くて美人というのは、まあ共通している。が、高級クラブの女の子は教養があって、客がどんな話題を出してもよく知っている。下ネタはもちろんだが、経済や歴史など堅い話でも、即座に気の利いた答えが返ってくるから実におもしろい。彼女たちは、女性週刊誌のゴシップネタから毎日、日経新聞を読んでいるのは間違いない」

月に100万も200万も稼ぐのは、きちんとした理由がある。

知識もなく会話のセンスもないので

は、いくら若くて美人でも高給はとれない。

これほどの不況が続いているから、安い店が繁盛しているかと思うと、さにあらず。いつ行っても満席なのは高給クラブのほう。美女ぞろいで、普通の人なら萎縮してしまうような高級感を漂わせている店に次から次へと客が来る。いくら安くても気の利いた子がいない店は閑古鳥が鳴いている。

カネはあるところにはある。持っている人は持っているのだ。格差社会を体験学習しているようなものだ。

「サービス業の本質は、客の満足度であることが実感としてわかる」

社長はそう言う。

クラブで遊んでいるときでも、この社長は、頭をフルに使っている。細かいことまで見逃すまいと、鋭い観察力を働かせている。昼間とは違うスタンスで社長業を続けているのだ。

ずっと仕事漬けでは気が休まらない。四六時中、仕事なんてやってられない——。そんなふうにしか考えられない人に社長はできない。社長業はつとまらない。社長になるなど、最初から考えないほうがいい。ことさら厳しく言っているのではない。ごく当たり前のことなのだ。

社長業にはオンとオフの区別、切り替えはない。仕事をしているときはもちろん、それ以外のときも、生きていること、それ自体がそのまますべて仕事なのだ。そう割り切ればいい。

生きていること・イコール・仕事。ならば、オンもオフもない。常にオンといえばそうだし、常にオフといえば、そうとも言える。仕事が社長業、趣味も社長業なのである。

仕事を仕事と思わない。一生懸命、仕事をすることは、趣味で一生懸命遊んでいるのと同じことだ。私は、常々そう思っている。仕事は苦痛でもなんでもない。むしろ楽しい。そこに社長業の醍醐味がある。

## 4 変身は当たり前。社名や商売へのこだわりは捨てる

### 「規模の小ささ」は第一の武器である

では、小さな会社の利点とは何だろう。

一つは規模が小さいことだ。「当たり前だろう」と言えば、その通りだが、規模の小ささは一つの武器である。

まず必要な経費が少ない。社員が少なくてもなんとかなる。極端な場合、社長一人でけっこうやっていける。特にパソコンを使いこなしてITを活用すれば、一人でもかなりなことができる。IT時代前の3～5人分くらいの仕事は一人でこなせる。

インターネット上に店を開いてTシャツだけを扱って1億円以上の年商をあげるなどといったことは珍しいことではない。仕入れも受注も発送も、社長一人でやれるのはパソコンをフルに活用しているからだ。

一人なら経費もかからないし、堅く地道にやっていけば、自分と家族が食いつないでいくくらいは何とかなるものだ。

うまくいかなくて見切りをつけるにしても、痛手は小さくてすむ。再起もしやすい。

しかも、2006年から施行された新会社法で、株式会社をつくりやすくなった。なにしろ昔は1000万円以上必要だった資本金が1円以上でよくなった。7人以上必要だった役員も取締役会も不要になったから、親戚や友人に頼んで役員になってもらう必要もなくなった。設立の手続きも簡単になった。誰でも起業可能になった。現に、10代の茶髪のギャルが仲間と起業した会社がいくつもできている。

そのうち中高生や小学生の起業家が続々、といった事態にならないとも限らない。そういう時代になったのである。

## 小さい会社だからどんどん変身できる

小回りがきくことも小さな会社ならではだろう。社長の考え方一つで会社はどうにでも動く。ラーメン屋をやってうまくいかなかったからといって、会社を閉める必要はない。同じ会社のまま定食屋に衣替えすればいいのだ。場合によっては、まったく畑違いの商売を始めてもいい。

レンタルビデオ・ショップを開いてもいいし、美容院の経営に乗り出してもいい。一つのことにこだわらずに〝変身〟しやすいのが小さな会社の強みだ。それをトコトン活かす。「これ一筋」といったこだわりを捨てることだ。

名をなした大企業でも変身で成功したケースは意外に多い。

キヤノンはもともとカメラ・メーカーだったが、1970年頃からコピー機、80年代からインクジェットプリンタなどOA機器に進出して飛躍した。一時手がけたパソコンやワープロからは撤退している。

任天堂は、トランプや花札のメーカーから家庭用ゲーム機に軸足を変えて大成功した。

生理用品のユニ・チャームは建材メーカーからの転身である。

実際、中小企業の調査で、**10年間のうちに約半数の会社が主力事業を変更**しており、約1割は業種や業態そのものを変えている。変身は当たり前、と考えたい。

この点、韓国の人は割り切っている。

財をなした人はどのようにするか。まず最初は焼き肉屋をやる。韓国料理である。ところが、韓国には韓国料理店はどこにでもある。競合はキツいし、他の店との差別化もむずかしい。あまり流行りそうもない。焼き肉屋はダメだと判断したら、寿司屋か中華レストランをやる。そういう人が多い。それでダメなら、イタリア料理やフランス料理の店に変える。こんなふうに脈絡もなく、どんどん変えていく。で、儲かったら儲かったで、また別のことをやろうとする。我々と違って、商売替えをすることに何の抵抗感もないのだ。アクティブに変わっていく。韓流がすごいのはドラマだけではない。

大企業ばりの事業部制をとってもいい。

たとえばレストラン事業部でレストランをやる。もし儲かったら、それを人に売却して、今度はインテリア事業部をやる。それが儲かれば、それもまた売り払ってしまう。

会社は同じでも、事業部がどんどん変わっていくのだ。事業部を売って利益を出せば、さらにいろいろなことに挑戦できるだろう。逆に、どの事業部もダメで、せっぱ詰まったら社名を変える。「立川商会」を「東京ＴＫカンパニー」に変え、さらに3年後には「日本ＩＴ」といったふうにどんどん変えていく。周囲に与える印象がガラリと変わるのもプラスだろう。

ドッグイヤーと言われるくらい猛スピードで変化する世の中で商売を続けていくには、このくらいの柔軟さが必要だ。

商売の中身へのこだわりや社名への思い入れがあると邪魔になる。商売は商売としてドライに行きたいものだ。

## 5

# 会社の資産は増やさない

### 資産はときに「死産」となる

店を大きくする、機械や設備を増やす、会社の車を増やす……社長にとっては、どれも気分がいい。商売がうまくいっている証拠のようなものだからだ。

設備投資の増減が会社や経済の好不況を表わす指標としてよく使われる。設備投資をバンバンすると、いかにも元気で景気が良いように見える。設備投資をして資産が増えれば、「うちも大きくなったものだ」と満足感に浸ることもできる。

だが、何度も述べているように、小さな会社にとっては身軽さこそが身上だ。変幻自在に動くためには、背負った荷物、つまり資産は少ないほうがいい。

資産はお金を生み出す土台であることはたしかだが、ときに「死産」となって商売を圧迫する。商売の好調さを見越して借金で設備投資をする。とたんにうまくいかなくなって借金と、使われずにホコリをかぶるだけの機械だけが残る。これが「死産」づくりの典型的なケースだ。

パソコンのように年々、高性能になって、しかも安くなっていくものを抱えてしまうと始末が悪い。まず売れないし、売れても二束三文。といってフルに使うほどの仕事はない。パソコンの持ち腐れになる。

資産を「死産」にしないためには、まず資産そのものを抑えることだ。つまり設備投資を抑制する。できるだけ借金をつくらないという消極的な理由が一つ。もう一つは商売替えをしやすい状態にしておくこと。こちらはポジティブな理由だ。

ラーメン屋から美容院に転身するのにラーメン屋の設備は邪魔になるだけだ。前の商売の設備は少ないほど転身のブレーキにならずにすむ。

## 資産を持たなくても儲ける方法はある

自分で資産をいっさい抱えずに商売をする、というのはどうだろう。人の資産を使って儲ける。そういう道がある。

たとえば、エステティックサロン。他の人がつくった店を借り受け、そこにエステティシャンを入れて手数料をとる。そういう契約を増やしていけば、手数料収入だけで商売になる。自分の資産はいっさいなしに儲けるのである。

同じようにビジネスホテルでも、維持運営のマネジメントだけを仕事にする。

ビル清掃業もその口だ。他人のビル、つまり人の資産をきれいにするサービスで大きくなった会社はいくらでもある。単なる掃除から始めて、しだいに業容を広げ、ビルの総合メンテナンスを標榜するようになるのが、よく見られるケース。売上額が数百億円、従業員を何千人と抱え、上場している会社も多い。

自社の資産を増やすだけが商売ではない。人の資産を上手に活用する道もあるのだ。

## 設備投資はやめ、リースを賢く使う

人の資産で商売をするというと、建物の清掃や維持管理というサービス業か、マネジメントを前面に押し出してノウハウを売るという商売になる。これならヒトだけでいい。電話1本で稼げる商売だ。

だが、製造業や小売業をやろうとすれば、どうしても、ある程度の設備投資が必要になる。その場合でも、「資産を増やさない」「資産を持たない」を鉄則としたい。

業績好調に舞い上がってイケイケドンドン。気合いで1000万円の設備を入れることにしたとしよう。設備費用を銀行から借りれば、毎月の返済というきつい負担が来る。設備が稼働してそれだけの利益を生んでくれればいいが、なかなかそうはいかない。本格稼働まで数年かかる可能性もある。

「予想外にでかい利益が出たから、キャッシュでポンと買うよ。節税にもなるし」

という人がいるかもしれない。心意気は買うが、購入費用がすべて経費で落ちるから節税になるというのは勘違い。減価償却という制度があるからだ。仮に、その設備の耐用年数が10年だとすると、その年は価格の10分の1、つまり100万円しか経費で落ちないのだ。とんだ計算違いである。

「設備の性能はもって5年。もっと早く償却できないか」と思っても、耐用年数は法律で決まっているので、どうにもならない。古くなっても、耐用年数の10年は使い続けることになる。

それに、この減価償却の事務処理がひどく面倒くさいと来ている。

こんなもろもろの問題は、リースなら即座に解決する。

減価償却とか耐用年数などと関係なくリース期間を決められる。早く陳腐化しそうなら、リース期間を短くできる。維持費がかからないのもリースの利点。

複雑な事務も要らない。リース料は一定だから申告時期に頭を悩ませることもなく、リース料は「賃料」として全額、経費で落とせる。

もちろん、導入時にまとまった資金が必要なんてこともない。だから、銀行に頭を下げることをしなくていい。良いこと尽くめだ。

「でも、うちの資産にならないじゃないか」――。

たしかに設備の所有権はリース会社にあるので、会社のものにはならない。しかし、**大事なのは、所有することではなく、設備を使って稼ぐこと。**自社のものにならなくてもノープロブレム。むしろ、資産にならないほうが身軽でいい。そう考えるべきなのだ。

## ■――退職金を使ったうまい節税方法もある

節税の話が出たから、このことにも少し触れておこう。

会社が儲かると、税金対策に苦労する。うれしい苦労だが、なかなかうまい知恵がない。もちろん、二重帳簿をつくるとか、儲けをごまかして隠すとかいうのは禁じ手。脱税で捕まるほどバカなことはない。

実は、いい方法がある。小さな会社をいくつもつくって社長になり、退職金をもらって辞めればいいのだ。会社は潰してしまってかまわない。これ、法律的には何も問題ない。

たとえば妻に会社の社長をやらせて３０００万円の退職金を払って数年後に辞めさせる。次にまた新しい会社をつくって社長に据える。儲かったら退職金をまた払う。

こんなことが平気でできるのは、自分がつくった会社にしがみつく気持ちが一切ないからだ。若い女性社長たちが持っている「とらわれない自由さ」は、こんな点でも強みなのである。

会社が儲かってくると、経営者はあまり口に出さないが、自社の節税対策が一番の悩みとなってくる。生命保険金を使った節税や家賃などの未払金の一括支払など顧問税理士と知恵の出しあいが社長の重要な仕事になってくる。儲かったことをシミュレーションしておくことも社長の重要な仕事である。

## 6

# 世の中の変化に敏感に反応せよ

### 商売成功のポイントはお客さんの変化についていくこと

おもしろいことをやるにしても、失敗するより成功するほうがいいに決まっている。「好きな仕事で大成功」なら言うことはない。

それに少しでも近づくには、自分がしている商売、やろうとしている商売が、どのくらい見込みがあるかを見きわめることだ。いくらおもしろくても見込みのない商売では無駄金をつぎ込むだけである。散財するだけなら、商売というより趣味の世界だ。

見込みがあるかどうか、判断のポイントはただ一つ。お客さんが来るかどうか、お客さんのニーズに合うかどうかだ。すべての商売に共通する鉄則である。

むずかしいのは、お客さんの変化を読み切ること、変化についていくことだ。

いま、商業地域が激変している。その証拠が全国の地方都市に見られるシャッター通り。私は講演で地方に行くと、行く先々でシャッター通りを目にする。そのたびに、寒々とした気持ちになる。

なぜ、こういう事態になったのか。

もともと、日本では人口3万〜5万人程度の町がいちばん多かった。これは江戸時代の藩というまとまりが、長く続いていたからだ。藩の大きさは石高で表わしたが、当時、一人を養える米の量が一石《いっこく》。江戸時代に300をかぞえた藩の多くは3万〜5万石だったから、人口にすると3万〜5万人になる。この規模の地域社会ができあがって300年続き、それが明治以降も維持されてきた。

このような町は全国どこでも同じように、駅前に「本通り」とか「本町通り」と呼ばれる中心街があった。戦後になって人口がしだいに増えてくると、中心街から半径3〜5キロの中にスーパーのような大型の商業施設ができる。便利だから、このあたりに人が集まるようになる。駐車場でもできれば車客も集まってくる。こうして、本通りの商店街とスーパーという二つの核にお客は分かれてしまう。これが変化の始まりだ。

それからしばらくすると、今度は郊外に住宅が建ち始める。人口が急増して駅をはさんで反対側にもスーパーを核とした商業地帯ができる。人がさらに増えて以前の2倍くらいになると、駅裏の再開発が始まり、駅から3～5キロ離れたところにまた別の商業地区ができる。

駅を中心にして、ちょうど「の」の字を書くように商業地区が周辺に広がっていく。結果として、かつての中心、つまり駅前地区が空洞化する。人が集まらなくなって次第にさびれていき、気がついたときにはシャッターが降りた店ばかりが並ぶ、という事態になる。

このままではシャッター通りは、やがて商店街でさえなくなる。商売が成り立たないロケーションになるからだ。

これは時代の流れで避けることができない。早くその変化を読みとって、変化に対応する手立てを打てるかどうか、それが分かれ道になる。

誰も来ないところで食堂を続けていても繁盛するはずがない。その場所で商売するなら、レンタルビデオ店に衣替えするとか、クリーニング店に変えるとか、ドラッグストアで再チャレンジしてみるとか、生き延びるには知恵を絞って工夫しなくてはならない。手をこまねいていては閉店へ一直線だ。

いろいろやってみていよいよダメとなったら、サッサと見切りをつけてまったく違う道を探すか、それとも新しい商業地域に移るしかない。

「変わろう」「変えよう」という姿勢が大事だ。「自分の経験を生かしたい」「何とかのれんを守りたい」「少ないとはいえ、昔からのなじみがいる」――。そういう気持ちはあるかも知れない。「だからここで、いまのままで頑張る」と――。気持ちはわかるけれど、そのこだわりが〝命取り〟になる可能性が高い。

スーパーの出店や地域の再開発などはいきなり持ち上がるわけではない。少なくとも数年前から話が出るはずだ。そのときにどう変化するかを読む。読んだら変化に適応する方法を考える。方向が決まったら、すぐに着手する。ツボをはずさない読みとスピードが肝心だ。

変化を的確に読むには人の流れを見ているだけでは不十分。車の流れも見る。**自動車の流れは人の流れだ。運転する人がいるし、家族や友人が同乗している。**車が動くことは人が動くこと。そのあたりをきちんと見なくてはいけない。

## ■――法律や仕組みの変化に敏感であれ

前に会社法が変わった話をしたが、こういう法律や仕組みの変化に無頓着ではいけない。「こんなバカな仕組みがあるか」「法律が変わったからといって、うちには関係ない」などと言って、よく調べもしないで無視を決め込むのはやめたほうがいい。

法律は世の中の流れだからだ。法律が変わるのは、それだけ世の中が変化している証拠。その変化に合わせるために法律を変えるのである。

飲酒運転を例にとれば、昔は、酒を飲んで運転することはある程度許された。世間は寛容だった。だが、酒酔い運転による事故が続き、遺族の声が強くなると、新しい法律ができて飲酒運転は厳しく扱われることになった。そういう世の中になったのである。

タバコもずいぶん厳しい目で見られるようになった。歩きながらタバコを吸うことを条例で禁じる自治体も増えてきた。ただし、そもそも日本は世界で最初に街全体を禁煙にした国でもある。江戸の町は250年間路上での喫煙は禁止されていた。

厳しい方向ではなく、ゆるやかな方向に法律が変わることもある。ポルノ関係はそうだろう。一昔前はアンダーヘアを見せるなどもってのほかだったのが、いつのころから「お咎めなし」になって、我々の目を楽しませてくれるようになった。

そういうものなのである。

だから、法律や仕組みの変化には敏感になったほうがいい。それも商売に直接関係のあることばかりでなく、もう少し大きな目を開いて、他の業界や業種の動きなどついても知っておくといいだろう。

# 2章

# 経営資源の不足を嘆くな！

小さい会社ならではの
「ヒト・モノ・カネ・情報」づくりを身につける

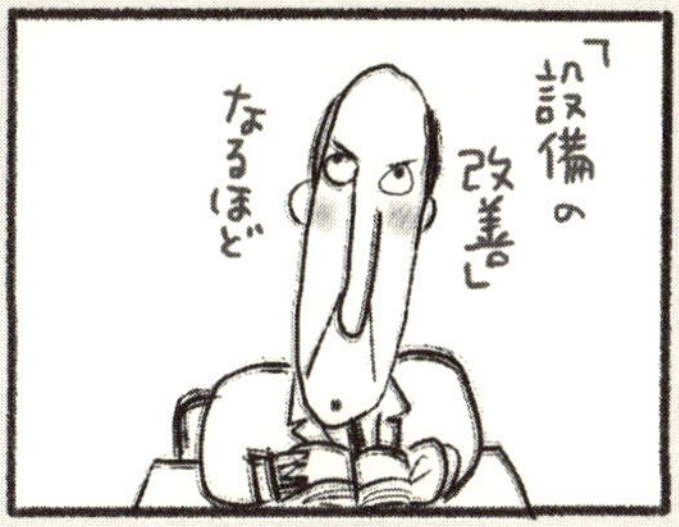

# 1 成果主義は百害あって一利なし

## ■大企業の、ましてや米国生まれの仕組みが中小に通用するはずがない

商売の基本はヒト、モノ、カネ。これは昔から変わらない大原則だ。最近では、これに「情報」が加わった。どれもないがしろにしてはならない重要な要素である。

大企業と比べると、小さい会社はどの点でも劣勢を強いられる。これは避けられない。その前提で考えるとして、では、どのようにしたら大手に勝てるのか。

小さい会社は、小さいなりのやり方がある。大企業と同じようにはいかない。大企業のやり方をそのまま入れようとしてもダメなのだ。むしろ大企業と異なる道を進むことで活路が開ける。ここを勘違いすると失敗する。

商売でもっとも重要なヒト、つまり組織づくり、人づくりの点でも、同じことがいえる。その典型的な例が米国流の成果主義だ。

成果主義とは、文字どおり「成果」だけで人を評価しようという考え方であり、それにもとづいた人事制度である。年功や経験年数や職能を重視した従来の日本企業のあり方とはまったく異なるシステムだ。

日本で成果主義の導入が始まったのは20年近く前から。リストラ策の一環として大企業が導入を始め、しだいに多くの会社が採用するようになった。

私には違和感があった。こんな制度を取り入れては会社はおかしくなる。小さい会社は、特に問題がある。そう考えていた。

なぜか。成果主義は、米国生まれであることだ。

米国は多民族、多人種の国だ。考え方も習慣も宗教も、人によって違う。食事一つとっても、豚を食べない人がいるかと思えば、豚はいいが牛肉は食べないという人もいる。英語を流暢に話せない人も多いし、ふだんはスペイン語やフランス語、中国語を使っている人も多い。英語以外の言葉を第二公用語としている州もあるくらいだ。

そういう複雑な状態にある人々をうまくまとめ、評価するには単純な基準が便利である。そこから成果主義が出てきた。目に見える成果だけを基準とする。それ以外の事情はいっさい考慮しない、というわけだ。そのほうが公平だからである。人を使うほうも使われるほうも、スッキリとわかりやすい。

成果主義は、この方法でないと物事が進まない米国という国情から、いわばやむを得ない手段として編み出されたものなのだ。

しかし、日本は、概ね単一民族の国だ。言葉も習慣も共通している。互いを尊重し、協調する集団の「和」を大切な価値としてきた。「みんなで頑張ろう」というのが日本人であり、個人を優先して「ひとりで頑張れ」というのが米国人だ。

まったく異なる国情で生まれ育ったやり方が、そのまま日本で通用するはずがない。

## ■成果主義では人が育たないどころかジリ貧になる

強調しておきたいのは、成果主義では日本の小さい会社は破綻するということだ。「通用しない」といった程度のことではすまない事態を引き起こす。

実際、大企業では数年前から成果主義に対する見直しや手直しが行なわれている。大企業なら失敗しても、それを回復する余力を持っているが、小さい会社はそうは行かない。

成果主義とは、ごく単純に言えば、「これだけ売ったら、それに見合う給料を出しましょう」ということだ。社員の売上げ数字だけを見ていればよく、細かい事情を考慮する必要がない。社員のモチベーションを上げたり、一人前に育て上げる工夫もさほどいらない。成果を出すのは基本的に本人の努力次第だ。経営者にとっては人を使うのにもっとも楽な方法だ。

だが、社員はそうはいかない。

若くて体力があるうちは成績も上がるから給料も増える。だが、そんな好調はいつまでも続かない。やがて給料は頭打ちになり、下降線をたどることになる。不満を募らすようになるのは人情というものだ。

社員に不公平感をもたらすのも欠点だ。たとえば、営業マンの場合、担当する地区によって売りやすさに差があるから、同じように仕事ができても、いい数字を上げる人と上げられない人が出てくる。地域差を考慮に入れずに数字だけしか見なければ、不利な人はずっと給料が低いままだ。

これではやっていられない。社長に対して不満を持つだけでなく、社員同士の人間関係がギクシャクしてくる。小さな会社ならではの温かみが消えて、組織の和はどんどん崩壊していく。そして、次から次へと社員が辞めていくようになる。

人が育たないどころか人材がジリ貧になっていく。1000人単位の社員がいる会社でも、あっけなく倒産してしまう。そういう例を、私はたくさん見ている。どこも、経営コンサルタントなどの言葉を素直に受け入れて成果主義を取り入れた会社だ。

小さな会社にとって成果主義は百害あって一利なし。これを肝に銘じておきたい。

「能力主義」「実力主義」も似たようなものだ。

あたかも「年齢、在籍年数にはかかわりなく、あなたの実力や能力を客観的に評価します」というやり方のように見えるが、評価の基準は結果重視。結局のところ、成果主義と同じように望ましくない結果をもたらすだろう。

情け容赦なく人を首にする「リストラ」も根っこは共通している。

古くさいことを言うようだが、人は金のためだけに働くにあらず、ということだ。お金はそこそこでもいいから、おもしろいから仕事をしたい、ということもある。社員のそうした気持ちのあり方を無視してはいけない。

## ■修正した日本式成果主義など生ぬるい

では、どうしたらいいか。

繰り返すが、日本は「和」の国だ。別名の「やまと」は、大きな和（大和）と書く。成り立ちからそういう国なのだ。

1万年以上前の日本列島には縄文人が暮らしていた。その後、弥生人が主流となる弥生時代になったという。縄文人から弥生人への移行はどのように行なわれたかが、これまで古代日本の大きな謎だった。

縄文人と弥生人は、共生している時代があって、互いに交流や同化を繰り返しつつ緩やかに弥生時代に移行した、ということが最近わかってきた。戦争や殺し合いによる激変が起こったわけではないという。互いに異質でありながら対立せず、いつの間にか融和する。いかにも和の国らしいやり方だ。こうした気質が現代人にも脈々と生きている。

その根本に立ち返って発想すればいい。「和」を大切にする組織づくり。これが日本の会社、特に小さい会社の望ましいやり方だ。

たとえば、年功序列制、終身雇用制は日本的な仕組みである。成果主義がもてはやされた頃に、どちらも古くさいやり方として諸悪の根源のように批判された。米国流を是とするエコノミストや経営者、コンサルタントなどは声高にこき下ろした。米国では成果主義が主流で、それが競争という活力を生み、経済発展をもたらしていると言われた。

ところが、そうでもないらしい。米国でも年功序列制度や終身雇用の会社がけっこう多いそうだ。意外な話だが、いまもコンピュータ業界の巨人であるＩＢＭは１９９０年代の初めまで終身雇用制で、日本の企業はＩＢＭから制度の概要を学んだという説もある。

日本の会社は年功序列制、終身雇用制のほうがいい。成果主義に転換したところは、すぐに元に戻すことをお勧めしたい。年齢や地位に関係なく人の和を重視する日本人のパーソナリティに合った仕組みにするのだ。

最近では、成果主義のマイナス面に気づいて手直しをする「日本式成果主義」などといった考え方も出てきている。なまぬるい話だ。いっそ成果主義など辞めてしまえばスッキリする。

年功序列制や終身雇用制には短所もある。よく指摘されるのが、事なかれ主義の蔓延、仕事や能力に応じた見返りがない、スペシャリストが育たない、といったことだ。

だが、社内に家族のような和がつくられ、和やかな職場で安定感や安心感を持ちながら仕事に励めることは、右にあげた短所を補って余りある利点だ。短期的な成果でなくて長期的な成果を重視するようになるし、個々人の出来・不出来よりも会社全体としての成長を優先するようにもなる。

もちろん、年功序列制でまずい点があれば改善すればいい。自社の社風や現状に合わせて、きめの細かい改善を身軽に実行できるのは小さい会社のよさなのだ。

## 2 黙っていても会社が伸びる「小さい会社のヒトの集め方」

### ━小さい会社で「少数精鋭」などできるわけない

「うちの会社、営業マンを少数精鋭にして、なんとか売上げ倍増を図りたいんですが……」

そんなことを言ってくる社長がけっこう多い。

「少数精鋭」――なるほど魅力的な響きだ。バリバリのプロフェッショナルが少ない人数で、すごい成果をあげる。理想的なあり方と言える。

だが、私は、こう答える。

「たしかにカッコいいけど、お辞めなさい。そんなことをすると、会社は間違いなく潰れますよ」――。

少数精鋭というのも、「成果主義」同様、小さな会社の社長がかかりやすい「大企業病」の一つ。成功した大企業のノウハウだからといって、中小・零細企業がマネをすると痛い目に遭う。

そもそも、小さな会社が精鋭ばかりを雇えるはずがない。

大ざっぱに言えば、小さな会社に就職してくる人間には三つのタイプがある。

一つ目は「どの会社でもいいから」と入社するタイプ。二つ目はほんとうはもっと大きな会社に行きたいが、今はアテがないから「とりあえずこの会社に」というタイプ。

三つ目は「自分はこの仕事をしたい」「この仕事で身を立てたい」というしっかりした志を持って入社してくるタイプ。きわめて少ないけれど、こういう人間も入ってくる。

動機だけでも、これだけのバリエーションがある。

能力も、できる人間、ダメ人間、その中間の普通レベルというバラツキがある。

こういういろいろな人間を、うまくミックスし、組み合わせて使っていく会社が伸びる。もっともよいのは、優秀な人間が2〜3割、普通の人間が4〜5割で、残りの1〜2割はダメな人間という構成だ。**会社には普通の人間やダメな人間も必要なのだ。**

多様な人材がそれぞれの個性や力を発揮して、輪（和に通じる）になって相乗的に会社を盛り上げていく。それが日本人に合ったやり方だ。

少数精鋭で失敗するのは、次のようなケースが典型的だ。

社長の下にナンバー2の常務、ナンバー3の部長がいて、若手の平社員が数人いる。多くの中小企業は、こんな陣容でスタートする。

そして、小さな会社では、一番のやり手は社長である。

たとえば、カーディーラーとして独立した社長は月30台の実績がある。「いっしょにやろう」と誘った常務は月15台程度、部長は月７台、それに二人の若手はそれぞれ２台程度だ。合計すると、月々56台を売り上げる体制である。これでうまくいくはずだった。しかし、これは机上の計算に過ぎない。

独立した社長は、社員時代とは働き方が変わる。せっせとセールスだけをしているわけにはいかない。仕入れの算段もあれば、取引先の接待もある。地域の集まりにも顔を出さなくてはいけないし、資金繰りも頭の痛い問題だ。そんなこんなで、販売台数は予定の半分くらいになってしまう。

独立したては、社員のモチベーションも上がっているから、以前より台数を伸ばすが、それでも社長をカバーすることはできない。毎月数台分は、どうしても計画を下回ってしまう。このわずか「数台分」ががん細胞のように会社を蝕《むしば》んでくる。

目算が狂い、事業計画を当初の思惑どおりに実行できない社長がイライラし出して、常務に不満をぶつけるようになる。

「俺が忙しくて働けない分、お前がカバーしろよ。何やってんだ」

常務は常務で、「お前こそ、予定どおりの売上げをあげろよ」

ケンカが昂じて常務は辞めてしまう。

部長は、月7台の販売力しかないから、辞めた常務の分さえ穴埋めできずマイナスが広がっていく。今度は社長の怒りが部長に向いて、やがて部長も退社していく。

悪循環で、どんどん業績が悪化していく。独立して3年から5年くらい経つと、会社は社長と平社員だけになる。やがて、独立時からの社員も辞めていき、そのあとは、若手社員の雇用と解雇（あるいは退社）を繰り返すようになる。これでは会社は大きくなれない。それどころかジリ貧になっていく。

これが、即戦力を集めた少数精鋭体制の末路である。

多様な人材の多様な力をうまく引き出すことが小さな会社が成長する道だ。社長には、そのための工夫が求められる。

## ■――この四人がいれば会社はドンドン伸びる

会社を大きくするには、社長以外に四人の人材がいることが望ましい。

一人は「金屏風の人」、二人目は性格や考え方が社長と同じ人、三人目は二人目と正反対の人、それから、四人目として〝パシリ〟、つまり、どんなことでも社長の指示どおり動く人だ。

こういう四つのタイプの人が周囲にいて、社長業をサポートしてくれれば、間違いなく会社は伸びる。もう少し詳しく解説しよう。

一人目の「金屏風の人」とは、どんな人か。

金屏風の前に火のついたロウソクを立てて、その前に人がこちら向きで座った状態を想像してほしい。ロウソクの光を反射した金屏風のキラキラした光はまるで後光のように、前に座った人を浮かび上がらせるだろう。

仏像の背中には「光背《こうはい》」という光を表わす飾りがついている。このせいで、仏像はありがたみのある姿に見える。金屏風も、光背と同じように、前にいる人を偉大な存在に見せる効果がある。このような効果を心理学では、「光背効果」あるいは「ハロー効果」と呼んでいる。ハローとはキリスト像など聖像の背後についている光輪である。

金屏風の人とは、社長にとって光背になる人のことだ。社長の引き立て役を果たしてくれる人である。社長を「信用できる人物」と保証してくれる人でもある。

具体的に言えば、いわゆる名士、地域や業界で有名な人である。名の知られている大手企業の社長や幹部、政治家、エコノミストなどだ。

この種の人が第三者に向かって、「彼はおもしろい人物だよ」とか「なかなかのやり手だよ」などと話してくれたら、あなたに対する評価と信用度はぐんと高くなる。名士の言葉だから、相手には絶大な効果を与えるのだ。

「私のことでしたら、○○さんに聞いてください」というふうに話して、自分に対する評価を答えてもらうこともできる。

金屏風については、おもしろいエピソードがある。六本木ヒルズや表参道ヒルズを建てた森ビルの創業者、森泰吉郎氏は、横浜市立大学の教授を定年で辞めて不動産業に本格的に乗り出す際、部屋に金屏風を立てライトを煌々《こうこう》とつけて屏風の前に座って銀行マンと借金交渉に臨んだという。実家は数軒の家作を持つ米屋に過ぎなかったが、この大胆な演出のせいで予想外に巨額の資金を調達できたそうだ。

ほかにも東京上野の赤札堂（現アブアブ赤札堂）と中華レストラン東天紅の創業者である小泉一兵衛氏も金屏風を使ったと聞いている。

次に、二人目と三人目の、性格や考え方が社長と同じ人と正反対の人。つまり、「なんでもイエスマン」と「なんでもノーマン」がほしい。身近にいる人としては、誰でもイエスマンのほうが好ましいが、会社経営には両方とも必要だ。

イエスマンの利点は、いうまでもなく、こちらを乗せてくれることだ。性格も考え方も同じだから、こちらが提案すると、どんなことでも「それ、いいですね」「おもしろい！」「それ、やりましょう！」などと好反応が返ってくる。だから、気分がいいし、自信も持てる。

ただ、イエスマンだけでは危ないことはおわかりだろう。誤った方向へ行こうとするとき歯止めがきかない。自分の考えややり方が正しいかどうかをシビアに検証するのもむずかしい。その役割を担うのが、なんにでも反対したり、待ったをかけたりする人だ。

性格も考えも正反対だから、何事につけ、「それ、おかしいんじゃないですか」「違うと思います」「私は反対です」と来る。聞くほうはうっとうしいが、このような意見こそ貴重だと考えて耳を傾ける。人の上に立つ人間は、そのくらいの肝を持つべきだ。

**自分を煽る人間と抑える人間、その両方をうまく使うのが社長の器量**というものだ。

最後にぜひ必要なのが、社長の指示や命令をそのまま実行する人間だ。つまり使い走り。たとえて言えば、幕末の時代、武市半平太が命じるままに人殺しを重ねた岡田以蔵である。社長に命ぜられれば、その是非を問うことなく果敢に実行する人間である。

「松下電器から注文をもらってこい！」と言えば、「はい！」と営業に出かけていく。

社長を支えるこの4人がいれば
会社はどんどん伸びる

「来週までに○○を仕上げろ！」と無理を言っても、「はい！」と二つ返事で引き受けてやり遂げる。

「それ、いいんですか」とか「無理です」などとはいっさい口にしない。いわば、社長の手足のように動く。ああだこうだと能書きを言わずに結果を出す有能な人材である。

これだけタイプの異なる人が周りに結集すれば、黙っていても会社は伸びる。

金屏風の人は外部の知人であり、コネクションをつける。それ以外のイエスマン、ノーマン、パシリは社員として雇えばいいのだ。

情報処理サービスの最大手企業ＣＳＫの創業者である大川功氏が創業時に採用した人材戦略はこれと同じだったらしい。ちなみに、ＣＳＫは１９６８年に大阪市内でわずか20名でスタート、現在はグループ従業員1万人、グループ売上高２５００億円もの大企業に発展している。優れた人材戦略が成功の要因と見た。

## 3 あっという間に社員を一人前にする「小さい会社のヒトの育て方」

### 「キャバレー王」福富太郎の教え

「君は、日本一のドアボーイになれる。うちに来ないか」――。

私がサラリーマンをしていた20代初めの頃、勤めていた社長を介してそう誘われたことがある。相手は「キャバレー王」「キャバレー太郎」の異名を持つ福富太郎氏。よく知られているように、戦後、10代半ばから喫茶店や中華料理店に勤め、キャバレーのボーイから身を起こして26歳で独立。矢継ぎ早にキャバレー・ハリウッドをチェーン展開して財をなした、立志伝中の人物だ。

福富氏としては私を高く評価してくれたのだろうが、正直、「そんなバカな。俺はドアボーイ程度か」と、あまり良い気持ちはしなかった。社内にもその話が広まって、小馬鹿にされたような目で見られたのも迷惑だった。

「福富氏は、やっぱりすごい人だ」と思ったのは、それから20年も経った頃だろうか。自分で起業した会社を潰したり多くの倒産現場に立ち会った経験を積んで、ようやく氏の言葉の意味がわかるようになった。見方が変わった。

欧米では、ホテルでもレストランでもドアボーイの地位が高い。なにしろ、ドアボーイは店の外に立ってお客を迎える。お客は店に入る前にドアボーイと顔を合わせ言葉を交わす。ここで印象が悪ければ店に入れてもらえない。単なるドアの開閉係と思われている日本では考えられないような、きわめて重要な権限を持つ仕事なのだ。だから、給料は高いしお客からのチップも多く、高額の収入を得ることもできる。

いわばドアボーイは接客のプロフェッショナルなのだ。まず第一印象がよくなくてはならないし、初めてのお客か常連客か、上客かそうでもないかを瞬時に見分ける眼力も要る。お客の顔を覚える記憶力も不可欠だ。お客に応じて、単なる「いらっしゃいませ」か「今日はまたお出でいただき、ありがとうございます」なのかを使い分ける判断力。臨機応変の接客術。マニュアルどおりでは話にならない。そういう仕事なのだ。

支配人やマスターは教育すれば、なんとかなるが、ドアボーイは持って生まれた才能が必要なのだ。

「ドアボーイがきちんとできる人間はとても優秀だ。少なくとも客商売なら、どんな商売でもうまくいく」――。福富氏は、そんなことも言っていた。

そういう客商売の真髄をわかっていたのだ。それで、二言三言しか言葉を交わしたことのない若僧の私に声かけたのだ。

そこまで思い至って、福富太郎氏を「恐い人」と感じたのである。

これは自慢話をしているのではない。人の上に立ち、人を使う立場の人間は、人を見る目を鋭く磨くべきだ、と言いたいのだ。立ち居ふるまいや表情、全体の印象などから一瞬にして人間を見抜く。社員を選ぶにも育てるにも、あるいは解雇するにも、その能力がものを言う。

## ■男は3度叱って1度褒める。女は3度褒めて1度叱る

「人を使うのはつくづくむずかしい」「今の若い連中はどう扱っていいのかさっぱりわからない」――。

いろんな社長から、そんな嘆きをよく聞かされる。

年齢も育ちも考え方もてんでんバラバラの人間が、何人も集まって仕事をするのが会社だ。まとめ上げていくのは大変だろう。特に今の若者は、年配の社長にとって宇宙人のように感じるか

もしれない。愚痴が出るのもよくわかる。

そんなとき私は、キャバレー王の福富太郎氏から直に教わった「人を使うコツ」を紹介することにしている。

「男は3度叱って1度褒めろ。女は3度褒めて1度叱れ」――。

キャバレーという一筋縄ではいかないビジネスで、男女を問わず何万人もの人を使って大成功を収めた人の言葉だ。

「教育もまともに受けていない人間を短期間で一人前に育てるには、このやり方がベストなんだ」

たしかに、叱ってばかりでも、褒めるだけでも人は育たない。要は「叱る」と「褒める」のバランスなのだが、これがむずかしい。福富氏の言う3対1というのは絶妙な比率ではないだろうか。しかも、男と女で正反対にしている点も「さすが」というほかない。

男は、褒めれば褒めるほど気持ちが上ずって舞い上がってしまう。自信を持つのはいいのだが、妙に勘違いして威張るようになる。挙げ句の果ては仕事に手を抜いたり怠けたりし始めるのがパターンだ。

だからいつも叱っているくらいがいいのだが、叱られてばかりでは気持ちがくじけてしまう。

だから、3回叱ったら1回くらいは褒めてやる。それでやる気を起こすのだ。

女性は逆だ。男に比べて叱られることに弱い。ちょっと叱るだけで「私はダメ」となる。叱ってばかりでは、どんどん落ち込んでしまって持てる力を発揮できなくなる。「私、辞めます」という事態にもなりかねない。といって褒めるばかりでは浮ついてしまう。何度も褒めたら1度叱るくらいがちょうどいい。

常勝を続ける将たる人は、これほど人の心の機微に精通し、経営に活かしている。私は感じ入ったものだった。

## ■社員が社長に惚れ込んだ会社は、またたく間に成長する

「褒める」と「叱る」のバランスに関しては例外もある。社長が社員を叱るだけで巨大な会社にしたところがある。佐川急便だ。

社員が疲れたとでも言おうものなら、

「疲れた？　何が疲れただ。お前が疲れるわけがない。タイヤが疲れたんだ。疲れたってお前が言うんじゃないんだ。タイヤが言うんだ」

創業者の佐川清氏からは、そんな怒声が飛んでくるのだという。高給だったこともあるが、社

員は、そんな佐川氏についていった。

叱り上手だったと言えるかもしれない。親分肌のところがあったのだろう。端からはメチャクチャなやり方に見えるが、社長の悪口を言う社員は誰もいなかった。「社長のためなら、何でもやる」という社員ばかりだった。

京都で妻と二人、自転車2台で始めた軽貨物業が、わずか30年で天下の日通と肩を並べるまでの運送会社に成長した要因の一つはここにある。

社員が社長に惚れている。社長の言うことなら何でもする。そんな社員ばかりなら、その会社は強い。あっという間に成長する。

**社員に惚れさせるには、まず社長に腕、つまり技術がなくてはならない。**店なら接客と販売の技術、会社なら営業の技術、工場なら製造技術、そういった技術に優れていることが憧れと魅力を創り出す。「社長の真似をしたい」「社長と同じようになりたい」――。そういって社長を尊敬し社長に傾倒するようになるのだ。

人の心をつかむには小手先のテクニックはいらない。社長自身が切磋琢磨して卓越した技術を身につけることだ。

## ■社長は絶対ワーカーになってはいけない

ただし、社長は技術にばかりこだわって、自分が技術屋になってはいけない。技術屋というのは職人で、常に作業に携わっているワーカーのことだ。

中には、「会社はそこそこに維持すればいいから俺は職人でいたい」という人もいる。「ラーメンをつくるのが好きだから自分の味を極めたい」とか「女性の髪をいじるのが生き甲斐。ずっと美容師でいたい」といった人たちだ。こういう人は、それでいい。そこそこに利益を出して会社を維持しながら好きな道を歩いていく。それも人生だろう。

ただ、社長になった以上は会社を大きくしたい、成長させたいというのであれば、社長はワーカーになってはいけない。**経営者の本来の仕事は作業ではなくマネジメント**だ。

社員を育てる、社員が働きやすい条件を整える、経営状態をチェックしたり改善したりする、資金の手当てをする、同業者とつき合う、人脈を広げる、将来計画を考えるなど、社長がすべき仕事は山ほどある。いくら時間があっても足りないくらいだ。社長と社員では役割が違うのだ。

そもそも、もっとも高い給料を取っている人が、社員と同じ作業に時間を費やすのもおかしな話ではないか。

会社が順調なときには、こういうことはあまり問題にならない。売上げが伸びず資金繰りに暗雲が漂ってくると、「なんとか立て直したい。俺が現場で頑張ろう」などと社長が社員と同じ作業をし始める。必死になって一生懸命にやる。が、この一生懸命は、しょせん空回りだ。マネジメントがお留守になるので攻勢に転ずるのはむずかしい。状況次第では倒産の憂き目に遭いかねない。そこまでいかなくても〝低位安定〟の状態が続くようになる。

社長はワーカーではない。社長はワーカーをしてはいけない。

このことを銘記していただきたい。

# 会社のカネの公私混同、大いに結構

## カネには色がついていない

社長にはオンとオフの区別はない。常にオン、あるいは常にオフだ。62ページのコラムで、そういう話をした。オンとオフの区別がないということは、公私の区別がないことに通じる。社長にプライベートなどない、と言ってもいい。

ことは、ふだんの生活全般に関わる。自宅にいても社長だし、酒場で飲んでいても社長である。

「ただし、カネは別。会社のカネを公私混同してはダメ」

そんなことを言う人がいる。税理士や会計士がよく口にする言葉だ。モラルのうえでは確かに、それが正しい。

だが、小さな会社の社長のほとんどは、そう考えていない。「そんなことをしたら、やっていけない」が本音だろう。

公私をきっちり分けても、納税額が増えるだけで、いいことは何一つないからだ。

そもそも小さな会社は経費として落とせるものが少ない。月々500万円の売上げがある会社で、社員やパートなど人件費の支払いが300万円だとすると残り200万円。ここから諸経費を落とすわけだが、配達先は近所だからガソリン代はわずかなもの。広告宣伝をするわけでもないし、人を接待するにしても、町の酒場で一杯ではたかが知れている。

そこそこの利益が上がると、そこへ法人税がかかってくる。といって、自分の給料をたくさんとると、個人所得として、けっこうな税金がかかってくる。

「これじゃ、いくら頑張ってもいい暮らしはできっこない」ということになってしまう。

だから、どうするかというと、公の用途と私の用途を厳しく分けて考えるのではなく、公私を区別しないで、できるだけ経費の名目で使う。プライベートな買い物をできるだけ経費で落とす。

会社の経費で生活を維持、レベルアップするのである。

経費とは「事業を営むのに必要な費用」のことだ。だが、実際には、事業に何が必要な費用で、何が必要でないかの判断はむずかしい。「どこまでが経費か」がよく問題と

される が、「どこまで」の一線は事業によって異なるし、社長の考え方によっても異なる。

たとえば、女性社長のエステ代はどうか。エステで美しさを保つことは経費と言えるかどうか。

ふつうなら「私的なこと」として経費にならないところだが、事業が美容に関することで、社長自身の美しさが、その店のセールス・ポイントになっているのであれば、エステ代はりっぱに「事業を営むのに必要な費用」、つまり経費と言えるだろう。

ペットが集客の役に立っているなら、ペットの食費も経費と言える。

ゴルフ代、旅行代、社長の車代、ガソリン代、スーツの代金、趣味の骨董代など、すべて経費として計上すればいいのだ。

「そんなの認められるはずがない」などと自分で判断する必要はない。認めるか認めないかの判断は税務署にまかせればいい。何か言われたら、仕事に必要な支出であるとしっかり主張する。その準備をするくらいは必要だろう。

カネに「公」「私」の色がついているわけではない。仕事で稼いだカネを「経費」名目で私的に使うことをためらう必要はない。会社のカネの公私混同、大いにすればいいのだ。

## ●「粉飾も方便」で使いこなす●

前に、なにかの講演で、中小企業診断士の講師が「粉飾決算をするなんて信じられない」と話しているのを聞いたことがある。

「経営をしたことがないから、そんなことが言えるんだな。会社経営の実態をわかってないな」私はそう思った。

多額の利益が出ているのに過小計上する粉飾もあるが、中小零細に圧倒的に多いのは、実態は赤字なのに決算は黒字にするというものだろう。

そんなケースでみなさんはどう思うだろうか。

「法律に違反するから悪いに決まっている」「犯罪だから絶対にダメ」

その通りではあるが、そう単純に割り切れるだろうか。

では、お聞きするが、粉飾決算をすると誰か困る人がいるのか。

粉飾をすれば、実態は赤字なのに利益が出る。赤字なら税金ゼロのところを、粉飾のせいで税金を払うことになる。これなら、税務署は、歓迎こそすれ困ることはないだろう。

だから我々中小企業は
こうして「粉飾改竄《フンショクカイザン》」の
努力を重ねてですねっ!!
それを言うなら
「粉骨砕身《フンコツサイシン》」
でしょ?
いいですよ。もう…
全部経費として
認めますって。
帳簿
税

銀行はどうか。約定返済しているなら、粉飾して黒字でも、支払いも増えるし、安心してカネを貸しておける。場合によっては追加融資もＯＫ。銀行も喜ぶだろう。

取引先も儲かっている会社なら安心してモノが売れる。

株主は怒るかも知れない。粉飾の決算書で利益があるはずなのに、それに見合った配当が入らないからだ。

大きな会社なら株主も多いから、そういうこともあるだろう。しかし、小さな会社は社長が8割方の株を持っていたり、家族で全株式を持っていたりする。自分で粉飾をしているのだから、配当がないことなど当たり前。怒ることも困ることもないだろう。

税務署は喜ぶ。銀行や取引先は安心する。株主は問題ない。となれば、「粉飾はよくない！」と叫ぶ必要はないのでないか。

まあ、これは極端な言い方だが、会社のカネの扱い方は、そのくらい柔軟に考えたほうがいい、ということだ。

粉飾を勧めるつもりはない。だが、そもそも、「粉飾はダメ」というのは多くの株主を抱える大企業の論理だ。それをそのまま小さな会社に厳しくあてはめる必要はない。机上の理屈や単純な正論で自分をがんじがらめに縛ることはない、と言っているのだ。

粉飾をすることで赤字を出さず、それによる悪影響、つまり銀行融資の停止や貸し剥がし、あるいは倒産という最悪の結果を招かずにすむなら「粉飾も方便」、成長のための緊急避難、あるいは急場しのぎとして許されるのではないだろうか。

## 4

# 常識に縛られない「小さい会社のカネの集め方、使い方」

### 会社を100年以上継続させるコツ

先日、私の会社に京都で会社を経営している人が相談に来られた。聞くと創業100年だという。「すごいですねえ」と素直に感心したら、もっとすごい話が返ってきた。「立川さん、バカなことを言っちゃいけない。京都で創業100年なんて偉そうにしたら笑われる。私が所属しているロータリークラブなんか、応仁の乱の時代から商売をしてきたなんて会社がゴマンとある。うちなんて鼻たれ小僧みたいなものです」

そう言えば、創業100年の会社は10万社以上あるという話を聞いたことがある。その中に入るだけでも大したものだが、そんな程度では大きな顔ができないという。さすがに京都である。応仁の乱はたしか室町時代、15世紀頃のことだから、ざっと500年前だ。

いろいろ聞いてみると、何代も続く理由がおぼろげながら見えてきた。

何百年と続いている老舗企業には巨大な企業がない。中か小程度の規模がほとんど。「○○一筋」といった特定の狭い分野で高い技術を発揮して、こだわりの商品を扱っていることも共通している。土地柄、和菓子メーカーが多いが、たとえば、漬け物なら千枚漬けだけ、うちわでも高級うちわだけ、日本酒なら濁り酒、あるいは神社仏閣のお守り袋などが好例である。着物の帯留の一部とか草履の一部だけとか、細かいものを何百年もつくり続けている会社もある。「大勢の人に大量に売れるものを」ではなく、「限られた人を対象に手作りで少量生産」という商売を地道に続けて来た。そういう手堅いやり方だから生き延びてきたのだ。

〝長寿〟の秘訣は、もう一つある。

「どの老舗も借金がない。何百年もずっと無借金経営でやっているんです」――。

「借金をしてはならぬ」と代々、言い伝えられてきたそうだ。それを厳格に守ってきたからこそ潰れずに今日まで来れたのだ。

たしかに、手作り少量生産でありながら借金をするようでは立ちゆかなくなるだろう。借金をして人や設備を増やし、大量につくって大量に売る、それで大きく儲けるなどという発想は初めから頭にないのだ。だから生活も質素なものだという。そうやって何百年という悠久の時を生き延びてきた。究極のサバイバル術である。

## 銀行から借金して起業するのは最悪のやり方

京都の老舗に学ぶことは他にもあるが、この「借金をしない」というのは、特に小さな会社にとっては重要なことだ。

たとえば美容院を始めるとしよう。表通りに洒落た店を構えて最新の設備を入れて、優秀なスタッフを集めて……などといったことをすれば、2000万、3000万の資金が必要になる。手持ちになければ大半を銀行から借りることになる。だが、これをやったら先が見えてしまう。銀行への返済に追われるようになるからだ。

完済には少なくとも5年はかかる。幸運にもそこまでなんとか漕ぎ着けたとして、5年も経つと設備も古くなるし内装も汚れてくる。設備や内装を変えようとすれば、また数千万の資金が必要になって銀行の世話になる。それで、また返済に追われる。いつまで経っても自転車操業から抜け出せない。小さな会社は小さいままだ。小さいまま維持できれば、まだマシなほう。私の見たところ、こういうやり方をした人はたいていジリ貧になって失敗していく。

「カネを借りて起業する」のは順序が逆なのだ。「借りずに始めて軌道に乗ったら借り入れを考える」のがスジである。

**商売は、手持ちの資金の範囲内でできることから始める。**借金をしないことが肝心だ。資金がなければサラリーマンでも肉体労働でもなんでもして、生活を切り詰めて歯を食いしばってでもまとまった金額をつくる。これが商売の種銭。それができてはじめて「さて商売を始めようか」ということになる。

仮に種銭が100万円なら、その範囲で回る商売をする。100万円で仕入れたものを1カ月後までに110万円、あるいは120万円で売り上げる。利益はまず1割、よくて2割。まあ、そんなところだろう。

次の月はその110万、120万円で仕入れて1、2割の利益を出す。これをうまく繰り返して1年くらい経つと、7、800万円～1000万円程度の商いができるようになる。そこで初めて、店を出そう、事務所を借りよう、という話になる。

どうしても店や事務所が必要なら自宅を改造して、その一角で商売を始めればいい。自宅兼店舗、自宅兼事務所。当面は、それで間に合わせる。身体を動かし知恵を絞って、とにかく借金をしないことが肝心なのだ。

商売は、身の丈にあった方法で少しずつ段階的に伸ばしていく。これが商売の基本である。最初から人の褌を当てにしてはいけない、ということだ。

## 必要なカネは「借りずに集めろ」

「借金をしないことが起業、経営の鉄則だ」という話をすると、ほとんどの人が怪訝そうな顔をする。

「それじゃあ、どうしてもカネが足りないときは、どうするんですか。不渡りを出して倒産ですか」

「うまく波に乗っているときに会社をグンと大きくしたい。まとまったカネは借りないと出てこない。カネがなければ、大きくできないじゃないですか」

というわけである。

「どこから調達するのか」と聞くと、誰もが「銀行で借りる」と答える。借金は銀行からするものと決めてかかっていて、それ以外の方法は考えない。ここに落とし穴がある。

ちょっと振り返ってほしい。昭和30年代の前半くらいまで、小さな会社は銀行に頼らなかった。小さな会社にカネを貸すような銀行などなかったからだ。私の家は商売をしていたので、よくわかる。

それが30年代の後半から少しずつ情勢が変わってきて、昭和40年代になると高度経済成長を背景に、小さな会社への貸し出しが本格化した。しかし、それもバブルがはじけるまでのこと。皆さんが肌身で感じているように、10年ほど前から銀行は「貸し渋り」を始めた。貸出金利を高くしたり、融資基準を厳しくし始めたのだ。それどころか、こちらの事情を無視して取り立てる「貸し剥がし」までするようになった。小さな会社にとって、銀行は頼りがいのある金融機関ではなくなったのだ。

だが、これは、私に言わせれば、もとにもどっただけだ。なにもうろたえることはない。昔にもどって、「資金調達＝銀行借り入れ」という発想を捨てればいいだけだ。

銀行などの金融機関から資金を調達する方法を「間接金融」という。「間接」があれば「直接」もある。「直接金融」は銀行を介さず、人から直接、資金を調達する方法だ。

イメージ的に言えば、間接金融が「借りる」なら、直接金融は「集める」だ。

集めるには、どうしたらいいか。直接金融の具体的な方法は、教科書的に言えば、株式や社債を発行したり、増資をしたりすることだが、もっと手軽なのは親や親戚、知人や友人、顧客などから融通してもらうのである。

もちろん借用書は入れるし返済義務もあるが、担保や保証はいらないし、利息や期間は話し合いで互いに納得する線に決めればいい。返済方法にも余裕がある。焦げ付きを恐れてなにがなんでも返済を迫る銀行とは大きな違いだ。

「必要なカネは借りずに集める」――。考えをこう切り替えよう。

実態としても、銀行による貸出し額（間接金融）は1990年代以降、減少傾向が続いている。中小企業向けの貸出しでは特に減少幅が大きく、90年代前半に比べて7割以下になっている。この傾向はますます進むだろう。

ただし、「集める」に際しては、二つのことを肝に銘じてほしい。

一つは、常日頃の信用が大切だということ。人間としての信用、経営者としての信用だ。まじめに商売に励むことが信用の源である。このことを忘れてはいけない。

もう一つは、甘えは許されない、ということだ。個人的に借りたカネは、「ある時払いの催促なし」になりがちだ。ついつい返済を先延ばしにしたり、最初の約束を守らなかったりする。大事なお金を融通してもらったという事実を軽く考える。

これは、自分のカネや商売を軽く考えることにも通じる。これではカネも商売の神様も逃げていく。結局、倒産してしまい、せっかくの厚意を無にしてしまうケースが多いのだ。**甘えた気持ちは失敗の元**である。

直接金融に、私募債を発行するという方法がある。中でも、「縁故債」とも呼ばれる「少人数私募債」は手軽に発行できるので小さな会社の資金調達方法として注目されている。ただし、株式会社であること、対象は親戚や友人、知人などの縁故者に限り50人未満であることなどの条件がある。「こんな方法もあるのだ」と頭の片隅に入れておくと、いざというときに役立つだろう。

また、まだ一般になじみはないが、最近の新たな資金調達方法として「ファンド」を利用する手もある。これについては後章で触れる。

## 信用は頭を下げるにつれ深まるもの

繰り返すが、カネを集めるには日頃の信用がなにより大切だ。

江戸時代、人からねたまれるほど優れた商才を発揮した近江商人が、モットーとした「商売の十教訓」というのがある。

その四番目に、

「資金の少なきを憂うるなかれ。信用の足らざるを憂うべし」

とある。逆の読み方をすれば、信用さえあればカネはついてくる、となる。信用はそれほど重要な要素なのだ。

「銀行も取引先も、小さいというだけで信用してくれない」などと嘆いていても始まらない。

「足らざる」信用を「足る」ものにするには、とにかく頭を下げ誠実に、苦労を厭《いと》わずに商売に励むことだ。いわゆる「飲ませ、食わせ」で信用を得ようなどという姑息な考えでは真の信用はできない。どれだけ頭を下げたか、どれだけ苦労したか。それが信用づくりのバロメーターだ。

信用は不ぞろいの積み木のようなもの。時間をかけて注意深くていねいに積んでいかないと、うまく積めない。油断すると、ちょっとしたことでガラガラと崩れてしまう。

信用を築くには10年はかかる。だが、苦労して築いた信用も、崩れ去るのはたった1日ですむ。その怖さを常に心の片隅に置きながら地道に努力をすることだ。

## ■給与は25日に支払う必要はないし、2回に分けて支払ってもいい

前述したように小さい会社の社長にとって、これまで「カネの工面は銀行へ」は常識のようなものだった。常識だから疑うこともなく、他の方法を考えることもしない。これでは自分で自分の手足を縛っているようなものだ。そのせいで必要のない苦労したり、無駄な労力を使ったり、挙げ句の果てに倒産してしまう。バカらしい話だ。

世間の常識は疑ってみるのがいい。常識にとらわれなければ、いい方法が見つかることがある。

たとえば「給料日は25日」というのも、そのたぐいの話である。

私が大学を出たころは、「うちは給料は月2回、10日と20日だよ」とか「うちは週給制だ」という会社が珍しくなかった。日払いのところもけっこうあった。昭和40年代後半の頃である。「20日締めの25日払い」が広がったのは昭和50年ごろのことではないだろうか。サラリーマンが急増し、大企業が「25日払い」を導入し始めた。これが次第に小さな会社にまで広まったのだ。たかだか、この30年の間のやり方なのである。

おそらく、給料日がバラバラでは困る官庁の指導によるのだろう。いま話題の社会保険庁あたりが保険料の徴収事務を簡便にする目的で誘導したのではないか。あくまで役所の都合だ。だから、国家公務員の給料日（俸給の支給定日という）は25日ではない。役所によって16～18日あたりに決まっている。保険制度が異なるので、そうなっているのだ。

カネの扱いに関して、世間の常識と関係なく自己流、自社流があってもいい。それぞれの会社がもっとも都合のよい方法を考える。それで楽になるなら、思い切って踏み切ればいいのだ。

## 5 メシが食える「小さい会社の情報の集め方・活かし方」

### 商売のネタは人からやって来る

いま関西のバーやクラブで密かに売られているドリンクがあるのをご存じだろうか。1本1000円か2000円。アルコールをすぐに分解して検知機に反応しない程度に消してくれる。酔うほど飲んだら効き目はないが、ビール一杯程度ならなんとかなる。店にはアルコール検知器も置いてあって、その効果をチェックできる。そういうドリンクだ。酒好きの連中には「これはいい」と大人気になっている。すると、これを大量に買い込んで商売にする人が出てくる。

法律に触れるのかどうか私にはわからないが、新しい商売のネタはこんなところにある。「密かに」という点がミソなのである。

情報とは何だろうか。新聞や雑誌に掲載されているもの？ テレビで提供されるもの？ もちろん、それらも情報である。が、それは一部に過ぎないし、商売に使える情報とは言えない。マスコミに載った情報は何千万人という人が瞬時に知ることになる。商売にするには、それでは遅い。遅すぎる。ほとんど誰も知らないうちに知ること、自分だけが知っているからこそ価値があるのだ。

情報を早く手に入れるには当事者に直接、聞くことだ。口コミ段階でもいい。価値ある情報はメディアではなく、人から来る。ここを間違えてはいけない。

## 異業種人脈づくりは社長の仕事

だから、商売のネタを探そうとするなら、良い人脈があるかどうかが決め手になる。人脈が情報源なのである。

情報収集、アイデア探索のための**人脈づくりの最大のツボは、できる限り自分の商売と業界とは関係ない人とつき合うこと**だ。関係ない人、商売上は遠い人ほど、あなたが思いもかけない情報を教えてくれる。

ところが、小さい会社の社長は、同業者とばかりつき合う人が多い。たしかに同業者相手なら話も通じやすいし居心地もいい。裏情報もいろいろ仕入れることができる。

しかし、同業者の情報は、メーカーや取引先が発信源だから、すでに広く知られているものがほとんどだ。「お宅だけに教えるけど」などという思わせぶりな前置きで、何人もの人に話していると思ってまず間違いない。そういうものなのだ。

さらにもう一つ。同業者の発想は、どうしても似通っていることもマイナスだ。同じ商売をしているのだから当然といえば当然。避けようがない。

だから、生まれたばかりの新鮮な情報、思いもつかないアイデアがほしければ、異業種の人とのつき合いを広げることだ。よく開かれている「異業種交流の会」のような会に参加してもいいし、地域の集まりに顔を出すのもいい。その気になれば、手段はいろいろある。とっかかりができれば、人脈はしだいに広がっていく。

異業種の人から、おもしろそうな情報やアイデアをもらったら、自分の商売に応用できないか考える。たとえば、美容院の社長が飲食チェーンの社長から優れた接客のヒントを聞いて取り入れたり、繁盛している喫茶店の内装コンセプトを真似したりといったことである。

異業種の人とコミュニケーションを図るのは骨が折れる。が、苦労するだけのことはある。それだけのメリットはあるのだ。私がこれまで3000人以上の社長を見てきた経験から言って、他人と関わるのが大好きな人は厳しい状況でも事業を伸ばしている。

小さな会社の社長は、とかく「お山の大将」で「人づきあいは苦手」という人が多いが、これでは通用しない。

「異業種人脈づくりは社長の仕事」――。そう割り切って逃げずに励んでほしい。

## ■友人とのつき合いは貴重な情報交換の場

社長の人脈づくりの話をしよう。

知り合いの社長で、毎晩、決まった時刻になると近くの居酒屋に顔を出して1、2時間、飲みながらおしゃべりをする人がいる。もう20年以上も、この習慣が続いている。

父親の代から戸建てを中心にした大工業をしていて、最近ではリフォームがメイン。キメ細かな心遣いとアイデアで、リフォーム業界に逆風の吹く中、好調を維持している。

酒の席では「景気が悪い」「きつい、きつい」が口癖の社長に聞いたことがある。

「なぜ、あんな小さな酒場に通い続けているのですか。狭いし、若い女性もいないし、ろくな酒も置いていないのに」

「いろんな友達がいるからね」というのが社長の答えであった。

下町の小さな酒場で常連だけが集う店だが、その常連が実に多士済々。一流企業の取締役もいれば、いまをときめくＩＴ関連の若社長もいる。近所の情報通の理髪店主もいるし、老人介護のプロもいるといった具合だ。

店のママさんを中心に、いろいろな話題が飛び交う。その中から商売のヒントを見つけることがあるのだという。

「商売のネタは予想外の方面から飛び込んで来るものさ。だから、この酒場がいいんだ」

酒場の友人というつながりがあればこそだ。

友人とのつき合いは何も酒席とは限らない。月イチのゴルフでもいいし、昼間の食事会でもいい。情報交換を兼ねた集まりでもいい。

会うのがむずかしければ日常的に連絡を取り合う。電話でもいいが、いまなら電子メールが便利だろう。長文ならパソコンで、短いメールなら携帯電話でやりとりする。相手の時間を拘束せずにすむのがいいところだ。

酒席のやりとりでも友人との会話でも、常に社長としての目線、経営者としての嗅覚を鋭くしているべきなのだ。

# 3章

# 大企業と同じ土俵に上がるな！

小さい会社ならではの
「経営戦略」を身につける

# 1 気持ちは大企業、やり方は中小企業で

## 商売は仕掛けと仕組みでできている

「商売に必要なものは何ですか」と聞かれたら、あなたは何と答えるだろうか。私なら「ビジネス・プランです」と答える。きわめて単純である。

どんなものを、どんな相手に、どのように売るか——。

もう少し掘り下げた言い方をすれば、お客を集めるために、どんなことをアピールするか。値段か質かサービスか、それとも、それ以外のなにか魅力的なものがあるか。

それらを明確にしたのがビジネス・プランである。

ビジネス・プランは「仕掛け」と「仕組み」でできている。

仕掛けとは戦略、仕組みとは戦術のことだ。「ラーメン屋で大儲けする」「美容院をチェーン化する」が仕掛け。仕掛けを実現するために、「若者向けの味と値段で勝負する」「スピードと安さ

でアピールする」などといった具体的な方法を考える。これが仕組みである。大目標が仕掛け、その具現化手段が仕組み、と言ってもいい。それらが一体となったものがビジネス・プラン――そう考えればいい。

同じ山に登るのでも、道はいくつもある。早く疲れずに頂上に行く道を選ぶか、それとも、時間もかかり難所続きで体力を消耗する道を選ぶか。うまい道を選べば次の山まで挑戦できるが、下手な道を選べば頂上にたどり着くことさえできない。それほどの差がでる。

だから、ビジネス・プランは練りに練って作り上げることだ。もし時代や状況、地域などに合ったプランが作れたら、会社は難なく伸びていくだろう。

たとえば、居酒屋を繁盛させるには、どうするか。

「おもしろいことをやって話題をつくろう」というのなら、ショー的な要素を取り入れる。魚の活き作りをエンターテイメントとして演出するとか、肉を焼くときに炎を立てるとか、人の話題に載るようなものができれば人気店になれる。

店を広げてメニューや雰囲気を中年男性向けにし、チェーン展開を図るという方法もある。たとえば、「村さ来」や「養老の滝」がそうだ。その種の店が増えてきたら目先を変えて、若向きでちょっとおしゃれな感じにしようというプランを立てれば「和民」のような店になる。

同じ居酒屋でもビジネス・プランはいろいろある。工夫次第なのである。

## 大企業のモノマネは転落へとつながる

ビジネス・プランを立てるときに注意したいことがある。「牛のマネをするカエル」にならないことだ。

これは「イソップ物語」に出てくる話で、カエルが牛に憧れ、大きくなろうとどんどんお腹をふくらませていって、最後に破裂して死んでしまう、という話である。

小さな会社の社長には、このカエルと同じタイプの人が意外と多い。

自分の会社は中小あるいは零細レベルなのに、何でもかんでも大企業のマネをしようとする。「CSを徹底するためにお客様相談センターを設置しよう」「我が社でもコンプライアンスに目を向けよう」「うちも業務改善に取り組んでコスト削減を図る」などなど。人が聞いたら「どこの大企業の話だ」というようなことを平気で口にする。口にするばかりでなく、本気で取り組み始めたりする。前に述べた「成果主義」や「少数精鋭」と同じ例だ。見当違いなのである。こんなことをしていては失敗するのは目に見えている。

カエルのように破裂しないためには、どうすればいいか。

考えることは大企業でいいが、2～5年後のビジネス・プランは中小企業の感覚で行く。そして、今日することは零細企業の感覚で実行するのだ。小魚が、将来クジラの大きさになりたいと思ってもすぐにはなれない。まずはマグロぐらいの大きさを目指そう。そういう地道さが必要だ。

## ■小さな会社に経営理念など必要ない

私から見て「どうかな」と思うのが、「うちの創業の経営理念は」「私の創業精神は」などと滔々《とうとう》と話す社長だ。そういう社長の応接室には、たいてい「誠実」「お客様第一」「社会との共生」などという文字が額に入れて飾ってあったりする。朝礼で理念について延々と話をするのも、この手の社長である。

中小企業向けの経営セミナーなどで、まず言われるのが「きちんとした理念を持ちなさい」「経営方針を立てなさい」という話。「経営目標」「具体的な行動指針」などという言葉もポンポン出てくる。だから、多くの社長が「理念大事」となるのも不思議ではない。

社員が何百人とか何千人もいる会社なら、全員に共通の心構えとして社長の考えを短い言葉で端的に伝えるために理念は必要かもしれない。一人ひとりにきめ細かく言葉をかけることなどできないからだ。

しかし、社員が数人から数十人の小さい会社なら、わざわざそんなことをしなくても、日々顔をつきあわせて仕事をしている中で、社長の考えは否応なく社員に伝わっていく。理念は、せいぜい社長に必要なだけで、社員にはあまり関係ないだろう。

りっぱ過ぎる理念を掲げると、商売が縛られる恐れもある。「ラーメンで社会貢献」だとか「女性をきれいにすることが使命です」などと広言したら、イザというとき商売替えがしにくい。小さな会社の利点はフットワークの良さなのに、それを殺すようなことをしてはいけない。

**会社が伸びるかどうか、商売が繁盛するかどうかと、理念とは関係がない。**だから、「理念など不要」とまでは言わないが、心の中だけにしておくか、表に出すなら大ざっぱな内容にしておくといい。

私の会社には、経営理念や経営方針のようなものは一切ない。人からは「お宅の経営方針は事業再生でしょう」とか「事業再生による社会貢献ですね」などと言われることがあるが、そうではない。たまたま事業再生のコンサルティングが会社のとっかかりとなっただけである。

まあ強いて言えば、「広く社会に貢献する」――。これだけ。これなら、何をしてもいい。儲けなくても、ボランティアをしてもいい。何でもありだ。会社というより「立川昭吾商店」。「頼まれたことは何でもやりましょう」ということだ。もっとも、こんなことは人に話すことでもない。自分でそう考えていればいいだけの話である。

ダブダブの背広はみっともないし、着心地も悪いだろう。身の丈に合ったものを着るのがカッコいい。

## ■ソニーやホンダも50年前は町工場。心まで「中小零細」になってはいけない

こういう話をすると、変に誤解する人がいる。

「そうか。零細は零細の気持ちでやらなくちゃダメなんだな。零細はしょせん零細か」――。断じて、そうではない。

やることは「中小零細」でも、気持ちまで「中小零細」になってはいけない。「うちは零細だから」「吹けば飛ぶような会社だから」などと思っているから、いつまでたっても、その状態を脱することができないのだ。

「うちは中小零細だから」と威張る理由はないが、かといって卑下することもない。ソニーやホンダも50年前に、中小零細からスタートしたのだ。「いずれ大きくなる」と構えていればいい。

大企業の社長と顔を合わせたときなども同じ。規模は小なりといえど、こちらはオーナー社

長、相手は一介のサラリーマンだ。だからといって、そっくりかえることもないが、卑屈になることはない。自然体でいればいい。

こういう気力を、昔は「胆力」と言った。ものごとに尻込みしない、動じない根性や気性だ。ふつうの言葉に直せば「精神力」。

小さい会社の社長ほど、こういう精神力は大事だ。大企業やライバル会社に対して劣等感を抱いていたり、経営に自信がなさそうだったり、事業に迷いがあったり……。そんなことでは会社は伸びない。社員もついてこない。経営のノウハウや数字の分析力がどれほど優れていても、精神力がなければ会社は伸びない。

心まで零細になってはいけない、のである。

# 2 商売の本質をハズすな！

## 商売の原理原則は「まじめが一番」

　商売には原理原則がある。勝つには勝つ原理原則があるし、負けるにも負けの原理原則がある。原理原則というのは、きわめてまともなものだ。ヘンテコなものではない。

　キッコーマンの元社長、茂木克己氏は「アイウエオ哲学」という経営哲学を信条にしたと言われる。どんなものかというと、アは「諦めない」、イは「威張らない」、ウは「裏切らない」、エは「エコひいきしない」、オは「驕らない」ことだという。「なんだ……」と言うなかれ。原理原則とは、得てしてこういうものなのである。当たり前で、常識的で、おもしろみがない。

　私が考える商売の原理原則とは、「まじめが一番」というものだ。これも当たり前といえば当たり前で、おもしろみはない。

「まじめ」というのは性格的な誠実さや堅実さもそうだが、それだけではない。商売に対するスタンスの取り方のことである。商売への向き合い方である。まっすぐに商売に向きあっていること、常に商売の本質を考え、それを踏み外さないように心がけること。そういうことが「まじめ」の内実だと考えてほしい。

「そんなことは、言われるまでもない」とお考えだろうか。

先日、名古屋のクラブに、知人と五人連れだって遊びに行った。ホステスが二人ついた。料金を聞くと、「お一人様、1万5000円」だという。周りを見ると、二人連れのお客には二人ついているし、カウンターの一人客にも、ちゃんとホステスがついている。それなのに、料金は一律だという。

あなたなら、どう感じるだろうか。「これは、おかしいよ」と思わないだろうか。

クラブの売りは、若い女性ホステスが横について気分よく飲めることだ。酒の善し悪しとか内装の豪華さとか、そんなことはどうでもいい。言葉は悪いが「クラブという商売の商品は若い女の子」なのだ。一人の客に一人のホステスがついてナンボ、の商売なのである。15人のグループがいたら15人のホステスをつけなくてはいけない。それで基本料金をいただく。それが、クラブという商売の原理原則である。

それができなければ基本料金は取れない。料金を下げなくてはいけないはずだ。

これが原理原則であり、商売にまじめに取り組むということなのだ。

なぜ、それができないのかといえば、ママの都合で経営をしているからだ。「お客様第一」などと口では言っていても、実態は自分の都合優先。「ご都合主義」なのである。

これではお客はつかない。常連客の足も遠のくというものだ。

このママが特別なのではない。

小さい会社の社長には、こういうタイプが多い。自分で商売の仕組みをつくっておきながら、都合が悪くなるとそれを崩す。ワンマンだから社内的には許される。「まあ、しかたがない」というわけだ。

社員ならそれですむかもしれないが、取引先やお客はそうはいかない。信用ががた落ちになって先細り、というのがお決まりの末路である。

ご都合主義では商売は必ず失敗する。「まじめが一番」なのである。

## 商売の本質をハズすと、いくら必死にやっても儲からない

もう少し、名古屋のクラブの話を続ける。

もし、私が、この店のママに、原理原則にもとづき「あなたのやり方はおかしい」と言った

ら、ママはどういう反応を示すだろうか。

想像するに、まず、怪訝な顔をする。「この人、なに言ってるの」という気持ちが顔に出る。さらに突っ込むと、「だって、どこでもそうでしょ?」と言うに違いない。まず十中八九、こういう言葉が返ってくる。

自分がおかしなことをし、間違っていることに気づいていない。その自覚がない。それどころか、「自分は正しい」と思っている。

大きな勘違いだ。「ご都合主義」と並んで、小さな会社の社長にありがちなのが、この「勘違い」である。

勘違いしたまま、勘違いなことを必死でやっている。儲からないやり方、損するやり方、お客が逃げていくようなやり方を汗水垂らしてやっている。悲惨さを感じるほどだ。

たとえば、こんなことがある。

旅館業を営む社長なら、「お客をどうもてなすか」を常に考えているはずだ。「おもてなしの心とはどういうものか」を議論をしたり、社員に話している社長もいるだろう。

「もてなし」を突き詰めていくと、「ムリ・ムダ・ムラの丸呑み」になる。お客の要望なら、どんな無理難題でもすべて受け入れよう、というわけだ。だが、この「行き届いたおもてなし」を

〝売り〟にすると、どうなるか。

お客は何でも聞いてもらえるつもりでやってくるから、真夜中に「アイスクリームが食べたい」と言ってきたり、置いていないスポーツ新聞を読みたいと要求したり、わがままの言い放題だ。すべてに対応しようとすれば従業員を増やしたり、さばけるアテもない商品を揃えたりしなければならなくなる。

ムダな経費がかかるうえ、従業員もうんざりして志気が下がる。こんな状態が続けば、悪いほうへ、悪いほうへと転がっていく。もてなしどころではなくなるのだ。

そうなる前に「もてなしは本当にこれでいいのか」を考えたほうがいい。

夜中にアイスクリームを食べることができたお客は、ほんとうに喜んだか。そのせいでリピーターになってくれたか。

キオスクまで行って買って届けたスポーツ新聞を隅から隅まで読んでくれたか。そのことを心から感謝してくれたか。チップをくれたか。

おそらく、どれも「ノー」だろう。手間とコストをかけたのに、その成果があがらない。

ならばここで、少し考え直したほうがいい。

もしかすると、お客の要望への応え方が間違っているかもしれない。一から十まで世話を焼く必要はないかもしれない。

たとえば、お客に自由にやってもらうほうが喜んでもらえないか。それなら、それなりの環境を整えればいいだけだ。

夜中にアイスクリームを欲しがるお客には、近くのコンビニを教えて玄関を開けておく。自由に買いに行ってもらう。

一般紙以外の新聞はホールに置いて、見たいお客が自分で取りに行くようにする。買いたい人のためには売店にも置いておく。

そういう目で見直してみると、いろいろな部分で、手間もコストもかけずにお客の要望に応える方法、少なくとも不満を感じさせない方法が見つかるはずだ。

問題の根っこは、最初の勘違いにある。「おもてなし」のはき違いにあったのだ。

これは何も旅館業に限った話ではない。お客に神経を遣ってこまめに動いているのに、会社はどんどん傾いていく。もし、あなたの会社が同じような状況にあるとしたら、この旅館のように儲からない仕組みをつくっているのかもしれない。

そんな状況を打開するには、一度、自らの商売のあり方を振り返ってみることだ。自分がしている商売の本質は何か。そこから考えていく。いつの間にか本質をはずれていないか。間違ったことを正しいと思いこんでいないか。徹底的に考えることが時には必要だ。

## 商売の原点に立ち返ると先が見えてくる

いまの世の中で営まれている商売は、たいてい昔からあったものだ。

たとえば、コンビニ。日本の第1号店は1970年代の初めとされている。以後、爆発的に増えて、全国津々浦々どこでも見られるようになった。その本家筋は米国というのが常識となっている。

「さすが米国」と思ったりするが、中高年の人ならよく知っているように、同種の店はどの町や村にもあった。「よろず屋」「なんでも屋」と呼ばれていた雑貨店である。たいてい、おばあちゃんが店番をしていて、バケツやホウキなどの日用雑貨から、食料品、駄菓子、酒、文具、ハガキや切手まで扱っていた。

このよろず屋がコンビニの原点なのだ。店構えを変えたり、ディスプレイをこぎれいにしたり、チェーン化したりしただけだ。そう考えると、コンビニは新しいものでも何でもない。

食品スーパーの原点は町の市場や八百屋だし、美容院はもともと髪結いだ。宅配便は郵便配達から派生したものだが、もっと古くは飛脚だった。

原点に思いを馳《は》せれば、人間が必要とするもの、欲しがるものは今も昔も変わらない。多くの人に必要とされることが商売として成り立つのだと改めて感じる。これこそが商売の原点だと納得できる。

さて、原点について考えるのは感慨にふけるためではない。これからの商売のためだ。原点を探り、それがどのように変化して、今日の姿になってきたか。これを知ることは、生き延びる方策を探ることになるし、将来の変化を見通す手がかりにもなる。

美容院を例にとると、昔は何もしなくてもお客が来てくれたが、周囲に競合店ができるとチラシやポスターなどで集客する必要が出てくる。その後、個別にアプローチするためにＤＭが活用されるようになる。パソコンが普及すると、インターネットにサイトを作ったり、メールマガジンを配布したりする。今後は誰もが持っている携帯電話を使うようになるだろう。このように読めてくる。

別の見方をすると、昔あった商売が今もあるということは、今ある商売の中に将来、大きく伸びるものがあるということだ。これから伸びる商売はすでに我々の目の前にあって、誰もそれに気づいていないだけかもしれない。

テレビ・ショッピングの原点は、昔からあった通信販売だ。最初は短いＣＭ程度だったが、そのうち独立した番組となり、いまでは24時間の専用チャンネルまでできた。スタートした30年前には想像もつかない普及ぶりだ。通信販売とテレビをドッキングさせたアイデアがよかったのである。

いまは物販が中心だが、これからは扱うものの枠が広がっていくだろう。番組の形態も変化するかもしれない。

そんな目でテレビ番組を見ると、いわゆる旅番組は、一つの方向性を示唆してはいないか。タレントが全国各地を旅行して観光情報や旅館を紹介する。それだけの番組だが、放映直後に、番組がとりあげた旅館には予約の電話が殺到する。テレビ・ショッピングと同じ感覚で見ている人がたくさんいることがわかる。ほとんどが女性である。女性にはそういう強いニーズがあるのだ。これは新しい商売の芽ではないだろうか。

こういう将来のネタを誰より早く見つければ優位に立てる。いわゆる「先行優位性」を得ることができる。イノベーターになれる。

視点と感性さえあれば原点に遡り、現在までの歴史をたどることで先が見えてくるのだ。

## 3 小さい会社が大手に勝つ方法

### 同じ土俵に立たなければ勝ち目はある

「大は小を兼ねる」というが、商売の世界では、「大」が「小」に必ず勝つ、「大」が「小」を飲み込んでしまうとは限らない。「大」を打ち倒すまではいかなくても、「小」が「大」に対抗しつつ伸びることはできる。それには真っ向勝負ではなく、ゲリラ戦が適している。

「小」の戦い方の好例が、新潟県を中心にホームセンターを展開するコメリだ。チェーン店は900店近く、売上高2500億円を超える。現在はもはや中小企業とは言えないが、1952年の創業時は米穀商。ホームセンターを始めたのは30年前。驚くことに、この20年間で売上高は18倍、20年連続して増収増益を続けている。コメリのやり方に「小」が「大」に負けないヒントが見える。

ホームセンターは1000坪クラスの大型店が主流。そんな中で、コメリの店は3分の1程度の300坪前後の小型店ばかり。さらにターゲットとなるお客にしても、都市近郊に住む住民を対象に郊外に出店するケースが多い中で、コメリは農業従事者に限定し、農村地帯に集中的に展開している。当然、品揃えも大型店とは大きな違いがある。立地に合わせて金物・資材、園芸用品、農業資材に絞っているのだ。DIYから家庭用品、レジャー、ペット関連まで総合的に売る大型店とはまったく違う。

コメリ躍進のキーワードを一言でいえば「特化」である。お客も立地も品揃えも、特定の分野に限定していることがコメリの特徴だ。これこそが小さい会社にとっての良策と言える。

たとえば、郊外で50坪の家具・インテリアの店を経営しているとしよう。従業員三人とともに地道な商売を続けてきた。そこへ売場面積が3000坪、広大な駐車場を持つ大型家具店が進出してきた。漁師の乗る小舟の横に突如として大型漁船が現れたようなものだ。家具店の社長ならビビって当然。どう考えても勝ち目はない。先方には何から何まで置いてあるから、お客を根こそぎ持って行かれかねない。下手をすると店が潰れる。

しかしここで考える。

勝ち目がないのは、同じ土俵に乗るからだ。土俵に乗りさえしなければ活路はある。それが「特化」ということだ。品揃えを絞り込む。たとえばカーテンだけにして、他の家具やインテリ

アは一切置かない。競争相手は大型店全体ではなく、大型店のカーテン売場だ。小さな店でもカーテンだけなら山ほど置ける。

価格を大型店のカーテンより少し安めにして低価格をアピールするか、大型店にはない高級品を品揃えしてお客を誘い込むか、あるいは工事やクリーニングなどきめの細かいサービスを売りにするか。力量があれば、すべてを同時に満たす店にする。こうすれば、なんとか勝負になるだろう。

一つの方法でうまくいかなければ、すぐに他の方法に切り替える。臨機応変、小回りがきく小さい会社の強みを存分に活かそう。

社長の一存が通りやすいのも小さい会社の利点だ。低価格路線がダメなら、高級品路線、それがダメならサービス路線。カーテンがダメならカーペットに変える。お客の様子を見ながら、どんどん変えていく。

もともと、ホームセンターは、総合スーパーが扱わなかった金物や日用雑貨などの住関連商品を売ることで成立した「すき間商法」と言われる。その「すき間商法」にも「すき間」があって、そこを衝いたのがコメリのやり方である。

小さな会社が特化するのは「すき間」、つまり相手が弱いところ、相手が切り捨てたところだ。具体的には、品揃えが薄いところ、力を入れていないところ、品揃えや価格に幅がないところ、扱っていない商品などだ。このあたりの見きわめは社長の眼力にかかっている。

## ■――相手の力をトコトン利用する

コメリの戦略は、大型→小型、総合→部分、都市→農村、つまり「逆転の発想」と見ることもできる。

近所に大型店ができた場合、「お客をとられる」と考えるだけでは煮詰まるばかりだ。ここは

「逆転の発想」をして、大型店が「お客を集めてくれる」と考えたらどうか。実際、大型店は、多くのお客を見込めるからこそ、巨額の費用を使って大きな店をつくるのだ。開店後は広範囲のお客を吸引することだろう。店のすぐ隣に、これまでの数倍という人が集まってくるのだ。チャンス到来ではないだろうか。

大型店は撒き餌《まえ》のようなものだと考えればいい。大型店が人を集めてくれたら、横から竿を出して釣り上げればいいのだ。

これをコバンザメ商法と言ったりする。コバンザメは80センチほどの魚で、頭部に小判型の吸盤がついていて、大型魚の腹に吸い付いて生活する。移動が楽なだけでなく、大型魚の餌のおこぼれを食べられる。賢いやり方だ。

大型店の近くに店を構えて、大型店に来るお客をターゲットにする。たしかにコバンザメに似ている。だが、「おこぼれをもらう」という言い方は、あまりに消極的だ。大型店のそばで繁盛している店は、実はけっこうしたたかに商売をしているものである。

たとえば、大型スーパーの駐車場のそばで店を開いている小さな八百屋がある。ここの店主は、毎朝、スーパーの生鮮売場に行って値段を見て、少し安い値づけをする。安いと言っても10円、20円という程度だ。そして、大きな声で「安いよ」と呼びかける。買う人にとって野菜は重くてかさが張る。だからできるだけ後回しし、店を出る間際に買うほうがいい。特に車客は駐車場の横で買えれば、すぐ車に積むことができる。

この八百屋の親父は量り売りもするし、献立相談などの接客サービスもしている。それも魅力でお客が集まる、というわけだ。

大型スーパーに行ったら店の横や裏に回ってみるといい。目立たないけれど、お客が集まっている店がいくつも見つかることだろう。

こういうコバンザメ的なやり方を出店戦略として成功したのが弁当・総菜の製造販売店を展開しているオリジン弁当。コンビニの隣に出店して、コンビニの集客力を利用しつつ、弁当だけはオリジン弁当で買ってもらう。出来たてが買えるからお客は集まる。オリジン弁当で注文し、作ってもらっている間に隣のコンビニで飲み物やデザートを買ってくる。そういうお客が多いという。

オリジン弁当は、このやり方で第1号店の出店から13年で６００店を超えるまで拡大した。もはやコバンザメ商法を超えていると言っていい。

**相手の弱みを突きつつ、相手の力をトコトン利用する。これこそ弱者の戦略、小さい会社の戦い方**というものだ。

## ■――時間を稼いで状況の好転を待つ

小さい会社は、賢く立ち回って体力を温存しつつ、できるだけ持ちこたえることが肝心だ。「それで、どこまで持ちますかねえ」とか「そんなことで展望が開けますか」などと悲観的なことを言ってはいけない。次項で戦国時代の弱小軍の「ダラダラ戦術」の話をするが、これは自軍の消耗を最小限にしつつ時間を稼ぎながら好機の到来を待つ、というれっきとした戦い方だ。

近くに大型店が〝襲来〟した小型店も、この戦法が使える。じっと我慢しているうちに、こちらに有利な展開になる可能性があるからだ。

考えられるラッキー・チャンスは二つ。一つは大型店が業績不振で撤退するというケース。それまでにお得意様をしっかり作っておけば、将来も安泰だ。

もう一つは、近くに別の大型店が出店するケース。既存の大型店が好業績を上げているのを知れば、他企業もねらいをつけるのは当然だ。そのとき「これでは小さな店はますますジリ貧になる」と嘆くのではあまりに知恵がない。

大型店同士の戦（いくさ）が始まれば、その地域にはこれまで以上に人が集まる。そこで、二つの大型店にはない個性的な店づくりをするのだ。小さくてもキラリと光る個性をアピールするのである。

大型店はだいたい同じような店づくりをするものだから、むしろ個性を出しやすい。同じような品揃えをうんざりするほど見せられれば、小さな店の個性はいっそう魅力的に見えるはずだ。もちろん、商品はどんどん変えていってかまわない。フットワークの良さは小さな会社の武器である。

大型店同士の競合が激化して共倒れという可能性もないではない。

大型店同士のつばぜり合いを横目で見ながら、こちらは我が道を行けばいいのだ。

## ムリ・ムダ・ムラを引き受けて商売にする

掃除や留守番、ペットの散歩など、こまごましたことを引き受ける「便利屋」という商売がある。25～26年ほど前に、この商売が取り沙汰された頃、「なるほど、人が困っていることは商売になるな」と思ったものだ。今風に言えば、代行ビジネスということになる。

資金面での負担が少なく、特殊な技術や店構えなどが不要で、手軽に始められることから、アイデア次第でいろいろな代行ビジネスが出現している。電話代行が一般的だが、ファクシミリでDMやプレスリリースを送るサービスやメール送信を代行するところもある。運転代行は、飲酒運転取り締まり強化に関連して話題になった。家事代行も、高齢社会で利用者が増えている。

代行ビジネスを下敷きにして考えると、**小さな会社の存在価値は、他人のムリ・ムダ・ムラを引き受けるところにある**とも言えるだろう。

全国に数千という単位で店を展開している外食チェーンなど、本部から全国の店舗にファックス配信するのは手間と時間がものすごくかかる。一括してやろうとすれば膨大な人手がかかるし、部署ごとにやると収拾がつかなくなる。この面倒な作業を一手に引き受けるところがあれば外注に出すだろう。そんな商売を二、三人で立ち上げて急成長した会社がある。まさしく相手のムリ・ムダ・ムラが商売のネタになったのである。

もう一つ例を出そう。

いま首都圏や大阪に高層マンション、超高層マンションが次々に建設されている。一棟で何百という戸数があり、しかも高額だ。「こんなに建てて、余らないか」などと、いらぬ心配をする人もいるのではないか。

世の中にはお金持ちがいるもので、高層マンションはすぐに完売になるほど人気らしい。が、そのあおりを食って空いてしまうところもある。新築でも物件によっては空きが出る。施主にとっては空いている部屋は単なるムダである。なんとかしたいはずだ。それに応えて、空き部屋をまとめて借り上げたり買い上げたりする会社が出てきた。

そして、それらの部屋を、1カ月単位の賃貸住宅として貸し出すのである。賃貸マンションとホテルとの中間的な存在だが、専用の建物があるわけではなく、一般の賃貸マンションの一室を利用する点がユニークなところ。

ビジネスホテルより部屋が広く、テレビや冷蔵庫などの家電や家具、台所用品も普通の住まいのように用意されていている。借りればすぐに普通の生活ができることがセールスポイント。ホテルではないからレストランはないが、フロントはなくチェック・イン、チェック・アウトのわずらわしさがない。ホテルより安いのはもちろん、賃料も抑えめなので、長めの出張、長期滞在型の観光といったニーズに合って、利用者が増えている。

こういう物件を1000件も持てば十分に成算はある。

肝心なのは目のつけどころだ。人が困っていることを探し出し、その解決策が商売として成り立つような方法を考えると意外な活路があるものだ。

# 重要な決断ほど気を鎮めて臨む

## ●平常心を失うと判断を誤る●

「新しい店を出すべきか、出さざるべきか」

「正社員を雇うか、パートにするか」

「今期の売上げ目標をどう設定するか」

大きなことから小さなことまで、会社経営は毎日が決断の連続だ。今のこと、将来のこと、現状と自分の希望や夢、自らの力量と経営環境。多くの要素を考え、天秤にかけながら決断していかなくてはならない。

会社の存亡を分ける一世一代の決断のときは性格も影響する。ヤクザと渡り合って撃退したとか、競合企業に乗り込んだとか、頭を丸めて社員の奮起を促したとか、名の知られた経営者には豪胆さや度胸や懐の深さなどを示すエピソードがつきもの。彼らは、「一か八か！」「来るなら来い！」「命がけだ！」などといった高ぶった気持ちで勝負したように見える。

だが、私は決断を下すときに最も大切なのは「平常心」だと考えている。私のオフィスには、この三文字を書いた額が飾ってある。常に目にすることで平常心を保つためだ。

頭が熱くなるほど考えていると、気持ちもどんどん高ぶってくる。テンションが高まってカッカしてくる。アドレナリンがガーッと出てくる。こういう興奮状態で決断すると、たいてい失敗する。決まって判断を誤る。私はさんざんそういう経験をしてきた。その末に、平常心の大事さに気づいたのだ。

決断するときには高揚している気持ちを鎮める。深呼吸を繰り返す。静かに目をつぶる。そして、「平常心、平常心」「冷静に、冷静に」と心の中で何度も唱える。気持ちがおさまってくると、それと歩調を合わせるように頭がクリアになってくる。それが自覚できる。

さんざん考え悩んでいたことにサッと道が通る。ゴチャゴチャと絡まっていた糸がスーッとほどけてくる。そういう感じになればしめたものだ。決断のときなのである。

平常心の状態は、ものごとを論理的に、客観的に考えることができる状態とも言える。感情の影響を受けずに筋道立てて考えられるからこそ、的確な結論が導き出され、

的確な決断に達する。おそらく、そういうことだろう。
「経営は頭で考えるようにはいかない」「経営は生ものだ。理屈ではない」とはよく言われることだが、優れた経営者は徹底的に理詰めで考え抜いて方針を立てるものだ。「宅急便」の生みの親、ヤマト運輸の小倉昌男氏は「経営は論理である」と喝破したそうだ。
平常心で結論を出したとしても、どうしても不安は残る。ものごとに100%はない。会社も、会社を取り巻く環境も生き物のようなものだから、予想外の変化を見せることもある。それがプラスに出ればいいが、マイナスに出ることもある。そこに不安が生まれる。不安は決断を鈍らせる。腰の据わりを悪くする。

不安をなくすには自己暗示をかけるといい。決断のあと、自分に言い聞かせるのだ。「俺は運がいい」「俺は強い」「俺は成功する」。不安がおさまり、自分の決断を自分で納得できるまで何度でも、そう唱える。自分なりの自己暗示法を編み出し、それをまじめに実行すること。冗談半分ではなく、本気で取り組むことをお勧めする。

## ●賛成意見、反対意見にも耳を傾ける●

トップというのは、どんな会社でも孤独なものだ。自分一人で全責任を負わざるを得ない。小さな会社の社長なら、なおさらのことだろう。だが、孤独だからといって、すべてを一人で担うことはない。最終的な責任は自分がとるとしても、決断に至るプロセスでは人に相談し、人の意見を聞くことは大事なことだ。

本文で、会社を発展させるのに四人のタイプがいれば必ず成功するという話をした。それと同じように決断をする際にも三つのタイプの人に相談するといいだろう。

まず第一に、自分と同じ考えを持つ人。あなたの方針に諸手を挙げて賛成する人だ。創業時からの仲間、専務など片腕として働いてくれている人は、たいてい「賛成の人」

である。社長にとっては心強い味方である。自分の考えの正しさを確信させてくれる。だが、このタイプの人の意見だけでは危なっかしい。正反対の意見をぶつけてくれる人が必要だ。第二のタイプ、「反対の人」だ。

何かというと反論が返ってくる。「私はそう考えない」「私は社長に反対だ」。そのようにはっきり言ってくれる人。社長の奥さんに、そういう人が多い。社長が「右」と言えば、たいていの奥さんは「左」と言う。

「反対のための反対」の人は論外として、反対するにはなにか根拠、理由があるはずだ。それを聞こう。得るものがあるはずだ。

あなたの考え抜いた結論に、思いもかけない穴が見つかるかも知れない。反対の立場から考えると、より良い案が浮かぶ可能性もある。あるいは、反対意見を考慮に入れてもなお、あなたの結論が揺るがなければ的確さの証明になる。

だから、「反対の人」が必要なのだ。

「賛成の人」と「反対の人」のほかに、もう一人、まったく別のタイプの人に相談できるのが望ましい。

「師匠」である。社外の人、あるいは仕事と無関係な人で、あなたが尊敬して師と仰ぐ人がいるといい。小さな決断は自分でするとして、重大な結論を下さねばならないときに意見を聞く。自分の考えを率直に述べて、お伺いを立てるのだ。

大所高所からの意見が聞けたり、「賛成の人」「反対の人」とはまったく異なるアドバイスがもらえたりするだろう。あなたが尊敬している人なら、どんな意見も素直に受けとめることができるはずだ。

何かを決断するとき、この3タイプの人に相談できるのが理想的だ。少なくとも、「賛成の人」「反対の人」の意見は聞くようにしたい。

## 4 小さな会社が大企業と戦う知恵

### ガチンコ対決は避け、持久戦に持ち込む

小さい会社が大企業と競う様子は、まさに「多勢に無勢」。戦国時代なら、地方城主がわずか3000の兵で3万の徳川軍に戦いを挑むようなものである。

白兵戦なら「数の論理」で勝敗が決まる。3000対3000で戦って全員相打ちになったら、こちらは全滅しても、敵は9割も兵力が残る。たとえ初戦は優勢でも、こちらが常時戦っているのに、敵方は要員を交代させ、十分な休養をとってからまた戦うことができる。

どう考えてもまともに行ったら勝ち目はない。

だから、「無勢」の軍の将はアイデアをこらして戦う。

平場は避け、狭い山道や間道に敵を誘い込む。狭ければ対戦相手は少なくなるから五分五分で戦える。相手の油断をつく奇襲作戦も効果的だ。神出鬼没で相手を右往左往させる。相手の隊列

が長く伸びきるような策略をしかけ、横から衝けば敵軍を分断できる。

信州上田城にこもった２０００の真田勢が、３万８０００もの徳川勢をさんざんに打ち負かすという成功事例もあるのだ。

要するに時間稼ぎをする。ダラダラと戦う。ガチンコ対決は避けて、適当に相手を叩きながら体力を温存する。息抜きをしながら持久戦に持ち込むのだ。焦ったりせずにゆったり構える。相手が消耗したり、戦意を喪失したりすれば幸運だが、そこまでいかなくても拮抗した状態が続けばいい。

商売も同じだ。小回りがきいて臨機応変、部隊は社長の一存で自在に動く。そういう小さい会社の利点を活かす戦略・戦術を立てるのである。

小さい会社にとっては大企業と共存できれば「御の字」というものだろう。そうして、時間や状況の変化という援軍をじっと待つ。

実際に援軍が駆け付けることもある。援軍が来るまで持ちこたえて、最後には「無勢」軍が勝利した合戦はいくらでもある。相手が方針変更して撤退などという幸運が訪れれば、それこそダラダラ戦略の勝利である。

## ──オリジナリティよりはアレンジを重視する

あんパン、クリームパン、アイスコーヒー。この三者の共通点は何か、おわかりだろうか。どれも日本のオリジナル商品ということだ。

あんパンは東京銀座の木村屋總本店が考案したもの、クリームパンは新宿の中村屋がシュークリームをヒントに製造を始めたものだ。アイスコーヒーは大正時代からあったが、コーヒーの本家筋である欧米には、こういう飲み物はつい最近までなかったそうだ。

関西ではアイスコーヒーを「レイコー」(冷たいコーヒーの意味)と呼んでいた。米国のスターバックスがアメリカでアイスコーヒーをメニューに入れた時、メニューに「ｒｅｉｋｏ」と書いてあった記憶がある。

そもそも外国のものを取り込むのは日本の得意技だ。「日本はモノマネ文化」と言ったりするが自嘲することはない。日本のモノマネ文化はすばらしい。そっくりそのままマネをするのでなく、そこにアイデアをこらしてアレンジするからだ。あんパンしかり、クリームパンしかり、アイスコーヒーしかり、である。

文字も中国からの輸入品だが、それをそのまま取り入れるのではなく、日本式の読みを加えた。しかも形を変えて、カタカナやひらがなを発明した。すばらしい知恵だ。

現代の我々にもこうした伝統が息づいている。小さい会社の商売は、先人にならってアレンジを大切にしたい。開発や研究のためにヒトやカネをかけられないのだから、オリジナリティを追求するのはむずかしい。既存のものに手を加えるだけでも、オリジナルといい勝負ができる。

もちろん、アレンジという工夫は日本の専売特許ではない。たとえば、米国ではカリフォルニア・ロールという変形の巻き寿司が人気になっている。中心に具があるのは元祖巻き寿司と同じだが、海苔と酢飯が逆転して、一番外側が酢飯で海苔は内側に巻いてあるというシロモノだ。

ちょっとした工夫が商売を伸ばしてくれるのである。

## 「風」をつけてアレンジする

日本文化の特徴に「風（ふう）」がある。「中華風」「洋風」というのが、その例。オリジナルそのものではないが、オリジナルの味を残して、それらしくする。悪く言えば「まがいもの」。そういうアレンジが「風」で、日本にはその種のものが多く「風の文化」と言うことができる。

オリジナルを日本人に合うようにアレンジしたものだ。

この方法は旅館に取り入れられている。形は「和」だが、夕食がつかず、朝食は食堂でバイキング形式で摂るなど中身は「洋」、つまりホテル方式の旅館が増えている。旅館が生き延びる「風」のテクニックである。

もっと極端な例としては、居酒屋の「多国籍風」「無国籍風」がある。「何でもあり」なのが「風」の一文字でそれらしくまとまりがつく。それを店の特徴として打ち出して若者たちにアピールするのである。

もう一つ「風」を活かしたビジネスの実例を紹介しよう。

いま若い女性にエステティック・サロンが大人気だが、これは日本独自のものだ。そもそもエステティック・サロンの前身であるエスティ・サロンは、美容室サロンの一部として100年以上も前から欧米にあった。

それを日本は昭和50年代後半から会員制にして、内容も美顔・痩身・脱毛・ネイルと商品を続々と加えてゆき、「エステ風」から日本独特のオリジナリティ・サロンへと進化させた。さらに今では中国、韓国、アメリカ、ヨーロッパへと逆輸出し始めたのである。

「風」を利用して独自の文化をつくる。これは日本のお家芸かも知れない。あなたの周りにも同様にビジネス・モデルをつくれるチャンスが数多くあるのではないだろうか。

私たちに手慣れたテクニックを商売に活かす方法を考えよう。

# 5 小さい会社の大手と違うお金の管理

## 会社の数字は収支で判断する

「これ原価○○円なんですよ。××円で月々2万個売れるんで、ざっと□百万円の利益というわけ。けっこう儲かるんですよ」――。

小さな会社の社長を訪ねると、まずこういう話が出る。どんなに苦労をして製品をつくり、頑張って営業をし、それが実を結んで、いま、ようやく余裕が出てきた。軌道に乗った……そういう苦労話、自慢話を、やや得意げで満足そうな口ぶりで話される。

横で、経理を預かっている奥さんが黙って聞いている。

社長がトイレに立ったときに、

「こちらはいいですね。社長の頑張りでずいぶん儲かっているようで……」

と聞くと、奥さんの口調は社長とは大違い。

「でも、お金がないんです」……案の上である。

「そうなんですか。締めと支払いはいつですか」などと水を向けると、「実は今月末の決済がいくらあって、どうしてもお金が足りないんです」

「どうするんですか」

「銀行から借りるしかないんです。まるで銀行相手に商売をしているようなもんですよ」

同じ会社の数字の話なのに、見方がまったく違う。なぜこんなに違うかと言えば、社長は「収益」の話をしていて、奥さんは「収支」の話をしているからだ。

収益と収支――。この二つはまったくの別物なのに混同している社長が多い。

７００円で買ってきた商品を１０００円で売って３００円の利益を出した。コストが２００円かかったから儲けは１００円だ。これが収益だ。わかりやすい単純なことである。小さい会社を始めた社長がまず気にするのは、この収益だが、しかし、会社は収益で動いているわけではない。

商品を仕入れるには、売るより前に現金がいる。

売った代金が入るのは1カ月後というのは珍しくない。この間に光熱費や家賃が出て行く。25日になれば従業員の給料の支払いがある。月によっては法人税など税金の支払いもある。こういう実際のカネの入り（収入）と出（支出）の動きが収支だ。

前の話に戻ると、700円で仕入れた商品が売れたら100円の収益があるはずなのに、それがない。100円はあくまで帳簿上での話であって、実際にはまだ入っていない。収支はゼロ（あるいはマイナス）なのである。

収益と収支は、これだけ違う。そこを勘違いすると、商売の目算が狂う。

収益だけ見ていると、商品がどんどん売れれば、どんどん儲かる。ところが、どんどん売るには、どんどん仕入れなくてはいけない。その代金がどんどん出て行くから収支がよくなるわけではない。儲かっているつもりが、実はそうでもないということになる。

収益しか見ない社長はご機嫌で、収支を見ている奥さんが憂鬱になるという図は、ここに原因がある。

収益は1年単位で見る。収支は毎日のことだ。数字上の収益がいくら上がるかよりも、今月支払うお金があるかないかのほうが重要だ。だから、商売の数字は、まず収支。次に収益。これが正しい見方と優先順位のつけ方である。

収支を良い状態に保っていることが商売成功の勘所だ。

収益の数字を追いかけても意味はあまりないとわかっているから、小さな会社の社長は決算書を見ようとしない。たいていの社長がそうである。「そんなの見ても、しょうがない」というわけだ。

私も、資金収支表と資金繰り表だけしっかり見ておけばいいと考えている。損益計算書や貸借対照表は頻繁に見なくても大丈夫だ。

## ■――せめて1か月分の支払額を遊ばせておけば安心

前項と関連したことだが、商売のカネの出入りには時間差があることを忘れてはいけない。

たとえば、朝、現金で仕入れた商品を、その日のうちに現金で売り尽くす日銭商売であれば、毎日毎日、現金が入っては出て行って差額が手元に残るの繰り返し。これならカネの出し入れについてそれほど苦労はない。

普通の会社では、商品を売ってから、代金が支払われるまで時間差があるから、その間のもろもろの出費をまかなうために運転資金が必要になる。手元の資金で間に合わなければ、自分で工面したり銀行から借入れたりする。

加えて、支払いは常に先払い、前払いが多いものだ。ラーメンの仕入れ代金は、ラーメンが売れる前に支払わなくてはならない。儲けているどうかなどということは関係なく、先払いの金は出て行く。

だから、売上げや収益と関係なく、せめて1か月後の支払い分のカネは常に遊ばせておくことを勧めたい。一種の保険である。金額は大きくないにしても、イザというとき大きな力になるはずだ。

## 経営の数字は大づかみにつかむ

決算書や会計の本を読んでいると、頭が痛くならないだろうか。わかりにくい言葉が山ほど出てくるからだ。

「経営指標」というのが、とりわけわかりにくい。

「自己資本比率」「固定長期適合率」「総資本経常利益率」などいくらでもある。「経営状態をきちんと把握するには、この数字を見ないと……」などと税理士から言われ、「そんなものか」と渋々勉強する社長も多いことだろう。

小さな会社を経営するのに、これほど細かい数字は必要ないというのが私の考えだ。税理士も商売だから、いろいろなことを指導してくれるが、あまり細かい数字は必要ない。

「帳簿なんか一切見ない。俺は一生懸命仕事をするだけだ。それでいいんだ。数字なんか関係ない」

そう断言する社長も中にはいるが、いくらなんでもこれは論外。

「とにかく今日の売上げを上げよう」「これだけのものをつくり上げよう」――。こんな目先の数字にだけこだわるのも危ない。

「細かい知識を頭に入れるより、経営に必要な数字をざっくりと大づかみできればいい」――。というのが私の考え方だ。経営状態を判断したり方針を決めたりするポイントとなる数字と、その動きに注目する。そういうセンスを磨くといい。

たとえばクラブを経営するとしよう。ホステスとして10人の女性を雇っている。このクラブは1日どのくらいの売上げが必要か。細かいことはさておいて、ホステスの人件費だけで考えてほしい。

ホステスの時給はふつう2000～3000円。ここでは仮に3000円としておく。勤務時間は5時間くらいだから、一人の日給が1万5000円。クラブのセット料金を1万5000円とすると、最低でもお客が二人来てくれないと日給分を稼げないことになる。店全体としては一晩で20人のお客が来てくれれば、ホステスへの支払いが15万円、お客からの代金が30万円となり、この店は何とかやっていける計算になる。

数字を大づかみにつかむとは、こういうことだ。

決算書にしても、記入してある勘定科目ひとつひとつを細かく見る必要はない。「貸借対照表(バランスシート)」なら、まず、左側「資産の部」の「流動資本」にある「現金・預金」と「売掛金」「棚卸商品」、右側「負債の部」の「流動負債」は「借入金」と「買掛金」「未払い金」などをおさえる。これらは短期の資金繰りに影響する数字だから、日常的にチェックしておく。

長いスパンで見て返済について考えるものとしては、「負債の部」の「固定負債」にある「長期借入金」の数字を頭に入れておく。

「損益決算書」だったら、まず営業利益を確認する。売上高の約10%前後なら合格である。次に販管費をチェックする。たとえば「広告宣伝費」は、他の「販売促進費」などと合わせて「販促費」としてとらえるなど、自分の判断で大くくりしたほうがわかりやすくなる。

## 3億までなら勘でいけるが、勘は時にミスを犯す

ただし、「大づかみ」「大くくり」に把握するということは、「アバウトでいい」、つまり、大ざっぱに、いい加減に見るということではない。肝心な数字はしっかりつかむ。それさえきちんと

できれば、あまり小さいことにこだわる必要はない、ということだ。

本などで勉強すると、内容の軽重を判断できないまま読むので、重要なこともどうでもいいことも一緒くたに頭に入れてしまって理解が平板になる傾向がある。そのせいで「アバウト」になりやすいのだ。

経営には役立つのは「知識」ではなく「知恵」だ。知恵を身につけるには、知識を自分の体験で咀嚼する必要がある。

数多くの社長から相談を受けてきた私の経験から言うと、売上げが3億円までなら、ツボを押さえれば自分の勘でいける。判断を大きく誤ることはあまりない。ただし、3億円を超えたら勘に頼るのはやめたほうがいい。経営上の数字や帳簿については専門的な知識を持つ人の助力を得るようにしたい。

「勘」というのは、ときにミスをおかすこともあるからだ。

そのよい例が、「売上げが2倍になると利益も2倍になる」という思い込み。単純にこうはならないことは、「売上げが１００、固定費が60、変動費が20」という例で考えればすぐにわかる。いまの利益は20だが、売上げが倍の２００になると、固定費は60のまま、変動費は40となるから、利益は「２００－（60＋40）」で１００。つまり5倍となる。

固定費が売上げに占める割合によって、利益の増え方は異なるのだ。

同じように、「売上げが半分になると利益も半分になる」というのも間違い。右と同じ前提だと、売上げが半分の50になり、固定費は60のまま。変動費は10となって、利益は「50－（60＋10）」でマイナス20となる。固定費の割合が大きければ、売上げ半減で利益は「半減」程度の落ち込みではすまないのである。

気持ちが前のめりになっていたり現実を楽観視してたりすると、こんな常識的なことでも判断を誤りやすい。

「売上げが増えるほど資金繰りは楽になる」「原価割れの値段で売ると必ず損が出る」などといったことも同じ。一見正しそうだが、いろいろな条件が絡むので常にこうなるとは限らない。単純に見えることほど間違えるのは人の常。用心に越したことはない。

## 冊――経理は妻に任せない。社長自らまたは人にやらせる

小さな会社は、いわゆる家族経営が多い。たいていは「夫が社長で妻が経理」という組み合わせだろう。息子や娘が社員として働くケースもある。規模にかかわらず老舗には家族経営で成長してきた会社がけっこうある。

日本の〝専売特許〟のような印象だが、そうではない。イタリアの中小企業は9割以上が家族経営で、上位企業でも4割くらいは家族経営、という話を聞いたことがある。

家族経営のいいところは、気心が知れた同士で互いに協力し合って和気藹々《あいあい》で仕事ができることだ。社長の弱点を奥さんがカバーするといったこともしやすい。社長がリーダーシップをとりやすいのも夫婦ならではのことだろう。

小さな会社の社長は総じてワンマンだ。わがままなお山の大将が多い。だから、会社に「右腕」となる人材が入ってこない。ナンバー2となるような社員が育たない。奥さんが優秀なら、奥さんがナンバー2としての役割を果たす。努力家で勉強家の奥さんなら、社長のよきパートナーとなるかも知れない。

こうした長所の一方で短所もある。

男は何かと威張りたがるから、仕事のことでも独断的で奥さんの意見を聞かない傾向がある。社長より奥さんのほうが優秀なことも多く、正しいアドバイスをしているのに、それが通らない。そのせいで傾いていく会社が少なくないのだ。意見の違いで夫婦仲が悪くなるのも経営にはマイナスだ。

社長が拡大路線を突っ張りたい一方で、奥さんは安定志向というパターンも危ない。社長が

「これから、こうして業績アップだ」などと張り切っている影で、奥さんの本音は「給料が払えて、少し余裕がある程度で十分。少しのんびりしたい」だったりする。互いの考えの違いはだんだん表に出るようになって成長の足を引っ張ることになる。

深いところで影響するのは、カネの使い方に関するセンス、スタンスの違いだ。

会社を大きくするには投資が必要だが、投資には常にリスクがある。「一か八か」、バクチのようなものだ。思惑どおりに事が運ばなければムダ金になってしまう。このあたりは女性には苦手なところだ。感覚的に理解できない。

「なぜ、そんな危ないことにお金を使うのか」「もっと地道な使い方はないのか」などと思っている。会社経営の話が、いつの間にか家計の話になってしまう。

この違いは決定的だ。とくに拡大意欲満々の社長には、このような奥さんがネックになる。気持ちが萎《な》えるばかりでなく、帳簿をがっちり握られていると、出るものが出なくなる。足を引っ張られる。

以上のようなことを踏まえると、会社の経理は奥さんにまかせないほうがいい、ということになる。

会社のカネと家庭のカネはピシッと分ける。会社のカネは社長自身が扱う。小さいときは経理を自分でやればいいだろう。業績が伸びて自分で見るのがムリになったら人を雇えばいい。

奥さんには、会社のカネ、特にその使い方については、いっさい相談もしないし口出しもさせない。これが成功の原理原則である。

# 4章

# 成長の常識に縛られるな！

常識を破る
急成長へのヒントとは？

# 1

# 会社の成長を望むのならM&Aを念頭に置く

これまで本文で述べてきたように、会社は小さくてもやり方次第で儲けることはできるし、この激動の時代には小さな会社の方が生き延びることができるのはそのとおり。ただ一方で、一国一城の主になったからには、自分の力でどこまで会社を大きくできるか試してみたいという社長も中にはいることだろう。

この章の前半部では、そんな社長のために、会社を急成長させるM&Aとファンドについて述べてみよう。

## 小さな会社を急成長させられるのはM&Aしかない

1980年に二人のアルバイト社員と始めた事業を、グループ売上高2兆5000億円を超えるまでに急成長させた会社と言えば、孫正義が率いるソフトバンクである。

中小の経営者にしてみれば数字の大きさについ目を奪われてしまうが、業容の拡大ぶりもモーレツだ。パソコン用ソフトの卸売業からスタートし、出版、インターネット接続サービス、固定電話、携帯電話、金融、プロ野球球団経営と新たな分野に次々にインターネットサイトの運営、インターネット進出してきた。

なぜ、これほどの規模拡大、業容拡大が可能だったのか——。その秘密はM&Aにある。M&A、つまり企業の合併・買収を繰り返し行ったことがすさまじい急成長を可能にしたのだ。ソフトバンクに限らず、成長企業の多くはコンスタントにM&Aを実施しながら高い成長率を維持している。

たとえば、牛丼の「すき家」で知られるゼンショー。創業はソフトバンクより2年遅い1982年。トタン張りの倉庫の片隅からスタートしたが、07年には売上高2000億円を超える規模になった。グループ企業として展開しているファミリーレストラン（ココス）やハンバーガー店（ウェンディーズ）、うどんと丼ぶりの店（なか卯）、宅配ピザ（シカゴ）、イタリアンレストラン（ジョリーパスタ）などはM&Aで取得したものだ。

このように小さな会社を短期間で急成長させたいのなら、このM&Aという手法が適している。というより、その手段はM&Aしかないと考えたほうがいい。

1章でも述べたように世の中はものすごいスピードで変化している。そんな中で、少しずつ段階的に成長を図るというやり方では規模の拡大はむずかしい。世の中の変化についていけなければ、成長どころか廃業の憂き目に遭う。モタモタしてたら競合他社に市場を奪われてしまう。波に乗っている間に一挙に勝負に出ないと、急成長の可能性はない。

昔30年かかったことを3年あるいは5年で成し遂げる。そのくらいのスピードが必要だ。短期間で成長するには、「1＋1」のように「1」を積み上げる足し算では間に合わない。掛け算でいく。「10＋10」では20にしかならないが、「10×10」なら一気に100になる。5倍の差が出る。これを可能にするのがM&Aなのである。

M&Aのメリットは、売上げや店舗数など量的な拡大だけではない。業務内容の多角化にも有利なやり方だ。新規の事業を一から立ち上げていては手間も時間もコストもかかる。既存の会社を買収するほうがずっと手っ取り早い。効率的な多角化が可能になるのだ。

### ■会社や仕事への思い入れは時代遅れ

M&Aとは、要するに他の会社をカネで買うことだ。

たとえば、ラーメン店のチェーン化を図るとしよう。1店、2店、3店と1店舗ずつ増やしていくのでは時間がかかる。だから、3店舗くらいになったら、他のラーメン屋で10店舗くらい展開している会社を買収する。これで13店舗になる。

3店しか持たない会社が、30店の会社を買収するのは無茶な話だが、相手が10店程度ならどうということはない。こういうことを何回か繰り返せば、あっという間に50店、100店と増えていく。倍々ゲームのようなものだ。これが掛け算の論理。猛スピードの事業拡大を実現するにはもってこいのやり方だ。

ところが、小さな会社の社長の多くは、M&Aは自分たちとは縁遠い世界だと思っている。それどころか「そんなものは嫌いだ」と公言する人もいる。

たしかにM&Aには好ましくないイメージがある。ライブドアがニッポン放送を買収しようとしたり、村上ファンドが阪神電鉄を買収しようとしたのは、つい数年前のことだ。中心人物のキャラクターもどことなく〝怪し気な〟雰囲気だったし、「敵対的買収」とか「ポイズンピル」（毒薬という意味）といったイヤな言葉も飛び交った。

このときの印象が強くて、M&Aというのはなにやらうさんくさいやり方のように感じるのだろう。無理もない話だ。

しかしこれは古いM&A観、一面的な見方だ。急成長を目論んでいるなら、経営者として、そのメリットを正確に把握すべきだ。

たとえばIT関連の会社が急成長しているのは、M&Aに対して抵抗感がまったくないからだ。ITそのものが米国から始まったビジネスだから、そのビジネスモデルにも米国の風土、文化が色濃く反映している。

「自分はソフトをつくっているだけ。ボスが替わろうと経営者が替わろうと関係ない。自分の仕事をすればいい」——。

上の人間も下の人間も、こういう意識だからM&Aで買収する側も、される側も支障なく受け入れ仕事を続けていく。

日本のIT企業も同じような考え方をしている。だからM&Aが活発に行われて、IT長者と称される人物が次々に出てくるのだ。

ところが製造業に携わる人は、こうはいかない。すごい抵抗感を示す。「自分たちの腕でこの製品を作ってきた」という技術者意識や「お世話になったあの人に一生ついていく」というような強い絆で結ばれた愛社精神が強い。とくに社名は屋号のようなものだから、それを変更するなんてとんでもない。「昨日までキヤノンの社員だったのが、明日からはニコンの社員」といったことはそう簡単に受け入れられない。米国流とは価値観が違うのだ。

こうした心情は理解できても、時代の流れは待ってくれない。これからは、会社や仕事に関する意識や行動はもっと軽やかなほうがいい。その点は米国流を見習ってもいいのではないだろうか。

## M&Aで積年の夢が叶う

日本企業のM&Aは確実に増えている。件数は年間約3000件で、10年前に比べると約5倍。マスコミなどで報じられるのは大企業の例が多いが、中小でも増えていて、年間2000件にのぼるという説もある。

中小企業のM&Aで比較的多いのは後継者難による売却。子どもがいない、いても会社を継がない、あるいは能力面などで継がせられない――。そういう会社は、いずれ廃業の道をたどる。が、それでは自分が立ち上げてここまでにした努力は何だったのか。一緒に頑張ってきた従業員も路頭に迷う。それは忍びないということで、他社に身売りして事業存続を図るのだ。

たとえば、私が経験した例では婦人用帽子の小売店の例がある。

高級婦人帽子は有名百貨店での販売が中心である。東京にあるA帽子店は老舗であったために都内の全百貨店に口座を持っていたが、子供が家を継承しないので困っていた。そこで大阪の同業種と合併することになった。これにより両社の名前は残り、社員も継続雇用され、売上高も増加して順調に事業は拡大している。

これはいわばM&Aの消極的な動機だが、その一方で事業拡大、業容拡大など積極的なM&Aも増えている。

なかでもエステ・美容業界はM&Aが活発に行われている。たとえば、あるエステ店は15～16店まで増やしたとき30店舗を持つ会社を買収した。その後、このやり方を何回か繰り返して、5年後には100店舗以上、年商130億円にしている。

他にも、いろいろなケースがある。

首都圏にしか営業拠点がなかった建設資材卸会社は、後継難になった九州の同業会社の全株式を取得することで九州進出を果たした。

優れた技術力を持ちながら営業力が弱かったため、思うような業績が残せなかった家庭用品メーカーは、卸会社を買収することで積年の課題を解決した。

法人を中心に事務用品の製造販売を行っていた会社は、個人向けヒット商品を持つ製造販売会社を買収することによって、個人向けへのアイテム拡大と、小売店への直販ルートの開拓という一石二鳥の成果をあげた。

Ｍ＆Ａには、株式取得、事業譲渡、合併、会社分割、株式交換など、いろいろな手法があるが、小さな会社で広く行われているのは株式取得と事業譲渡である。株式取得では、相手企業の株式を１００％取得し、丸ごと自社の子会社として組み込むケースが多い。事業譲渡は、相手企業の特定の事業に関して、人材、商品や工場などの資産、取引先などを取得すること。三洋電機が携帯電話事業を京セラに譲渡したのが最近の例だ。

金融機関や投資会社、経営コンサルタント、商工会議所などによるＭ＆Ａ仲介サービスも拡大している。たとえば、ある地方銀行では、売却側のメリットとして「後継者難でも会社が存続する」「社員の生活を守れる」「株主の手取額が増える」など。買収側のメリットとして「事業拡大がスピーディにできる」「リスクが少なく先が読める」などをあげて希望案件を募集している。

仲介者が売り手、買い手双方の希望を聞き、マッチング可能となれば秘密保持契約やアドバイザリー契約を結び、トップ同士の面談、条件の交渉などを経て、合意に至れば契約書を締結する。これがＭ＆Ａの標準的な手順だ。

信頼できる仲介者が見つかれば、あなたの希望どおりの買収がしやすいだろう。

小さな会社がＭ＆Ａに取り組みやすい環境が整ってきているのだ。

2

# まとまった資金の調達にファンドを考える

## ファンド「悪役」説はことの実態を見誤る

「ファンド」という言葉を日本人に印象づけたのは「村上ファンド」創設者の村上世彰だろう。彼が言い放った「カネを儲けて何が悪いんですか」は〝ファンドはカネのためなら何でもやる〟という印象を多くの人に与えた。

カネにものを言わせて買収をしかけ、株価が高騰したところで売り抜ける。この方法で数百億、1000億という巨額の利益を得る。それまでの「まじめに、地道に、コツコツと」といった商人道を外れ、しかも、法律違反の容疑をかけられて逮捕された。そんなことから、ファンドには「乗っ取り屋」「ハゲタカ」「壊し屋」といった〝悪い〟イメージがつきまとう。

しかし、あれはほんの一部。きわめて例外的なケース。村上ファンドを見て「ファンドとはしょせん、あんなもの」ととらえては実態を見誤る。

なぜ、ファンドの味方をするようなことを言うかというと、ファンドは使い方によっては小さな会社の頼もしい助っ人になってくれるからだ。ある時は急成長を支えたり、またある時は危機的な状況を脱したりするのに役立つ。前項で述べたM&Aとの関係で言えば、資金を調達する方法としてファンドが使える。

「ファンドは悪者」という先入観を捨てて、どれほど役立つかを見ていくことにしよう。

## ファンドは種類も用途も多種多様

「ファンド」とは、そもそもどういうものか。単純に日本語に訳せば「基金」「資金」である。本書で言う商売としてのファンドは、簡単に言えば、お客（出資者＝投資者）からカネを預かり、これを上手に運営して増やし、儲けをお客に分配する商売のことである。ファンド会社の収入は、増やした額に応じて受け取る手数料だ。

多くの出資者が集まれば、まとまった資金ができるので、それを運用して得られる利益も巨額になる。運営の方法は実にいろいろ。そのせいでファンドがわかりにくいことも敬遠される理由の一つだろう。

ファンドの種類としては不動産に資金を投資して儲ける不動産ファンド、企業に投資する投資ファンドあたりはわかりやすい。新しい事業だけに投資するプロジェクトファンド、破綻しかかった企業を安く買収し、再建したあと他に売却して儲ける再生ファンドもある。

他にも会社が抱えた借金と同額の資金を資本金として投資するデッドエクイティファンド、取引先への売掛債権をまとめて現金化するファクタリングファンドといった「いったい、どうやって儲けるんだ」と首をかしげるようなものもある。

超一流大学を出て、しかもMBAを取得したような人たちが知恵を絞って儲けの方法を編み出すのだから、我々にはわからないやり方がいくらでもあるのだ。

「儲けが第一」という印象が強いファンドだが、中にはそうでないものもある。カネを出し合って映画を制作し、その興業収益を分配する映画ファンド、風車を建設し風力発電で起こした電力を電力会社に売却する風力発電ファンドというものもある。

種類も用途も多種多様なのだから、「ファンドは悪」とひとくくりにできないし、それでは便利に使う道も閉ざしてしまうことにもなりかねない。

参考までにお話ししておくと、いわゆる「ハゲタカファンド」のやり方は次のようなものだ。多額の借金を抱えていたり経営状態が極端に悪化している会社をねらい、相手の弱みにつけ込んで安く買収し、経営を再建して高く売却する。経営を立て直すという側面は確かにあるのだが、ビジネスライクのドライなやり方がとられるケースが多い。再建したあとは、これを他の企業に売り渡す。ひどいたとえ方をすれば、息も絶え絶えの相手にわずかな水を与えて一息つかせ、一見、元気に見えているうちに売り飛ばすようなものだ。

つぎ込む資金も目論む儲けも半端な額ではないから、彼らが相手にするのは大企業ばかり。小さな会社には縁のない話だが…。

## 同じ金を貸すのでも銀行とファンドではここが違う

さて、肝心の問題に話を戻そう。

小さな会社が、規模を拡大するためにM&Aを仕掛けるとする。買収するにはまとまったカネが必要だ。数億か十数億、あるいは数十億円というオーダー。マスコミで取り沙汰されるようなケースに比べれば2桁も3桁も小さいが、小さな会社にとっては、おいそれと用意できる額ではない。

自分で集めることはもちろん、銀行から借りるのもむずかしい。銀行は基本的に安定志向だから、リスクの高い中小企業向けのM&A資金など簡単に出すことはないからだ。

そこで第三の道として、ファンドからの調達である。

ターゲットとするファンドは投資ファンドである。未上場の中小企業にカネを投資するファンドは、プライベートエクイティファンド、略称ＰＥファンドと呼ばれる。小さな会社が期待をかけるのは、このＰＥファンドだが、面倒なので、単に「ファンド」と呼ぶことにしよう。

では、なぜ、銀行が嫌うような資金需要にファンドはカネを出すのか。これは銀行とファンドとでは基本的なスタンスが異なるからだ。一口で言えば、会社の「いま」を見るか「先」を見るかの違いだ。

銀行などの金融機関は「いま、おたくの会社はこれだけ安定した業績を上げているから、その範囲内でおカネを貸しましょう」というのが基本的な姿勢だ。ファンドはそうではない。「いまはともかく、3年後あるいは5年後の将来にはこれだけの業績、収益を上げるだろう。その予測に基づいてカネを出しましょう」。これがファンドの論理だ。「いま」でなく「将来」に賭けるのである。だから、現在の企業価値より大きな企業価値を期待して投資してくれるのだ。

**銀行は「貸す」、ファンドは「投資する」の違い**、と言ってもいい。

将来の企業価値を評価し、どの程度の投資が可能かを判断するのはファンドマネージャーと呼ばれるこの道のプロである。

そもそもファンド会社は、出資者から集めたカネを管理するだけで年3％近くの管理手数料を受け取っている。集めたカネが50億円なら、その3％、つまり1億5０００万円をもらえる。1

円の投資をしなくても、まったく儲けを出さなくても、これだけはもらえるのである。逆に言えば、それだけノルマはきつく、一般的にファンドは、出口で30％くらいの収益（投資収益率）を目標としている。出資者からは常にそんなプレッシャーを受けているのだ。キツい仕事である。

さて、どこかに投資するとなると、ファンドマネージャーの出番だ。相手企業を評価し、その企業がどれくらいのポテンシャルを持ち、将来どれほど業績を伸ばすか、どのように投資したら、どれくらい儲かるか。そうした全体的な計画（スキームと呼ぶ）を立てるのがファンドマネージャーの仕事だ。

目算を誤って損を出せば、相手先の企業の責任ではなく、ファンドマネージャーの責任である。当然、彼らはきわめて優秀だ。エリート校の出身者が多い。もともと優れた頭脳に専門の知識と技術をごっそり詰め込んでフル回転させて仕事に取り組んでいる。

それだけに報酬もすごい。2005年に個人として最高額を納税したファンドマネージャーが推定年収100億円と騒がれたのは記憶に新しい。米国には年1000億円を稼ぐ人がいるらしい。気の遠くなるような金額だ。これは極端な例としても、30代半ばで7000万、8000万円の年収は珍しくない。

話はそれたが、要するにファンドは、その会社の仕組みと仕掛け、つまりビジネスモデルにカネを賭ける。ふつうなら10年かかるところを、ファンドが大きな資金を融通することによって1～3年で実現させる。それによって運用益を儲ける商売なのだ。決してうさんくさいものではない。だから、大いに利用すればいい。

## ファンドを利用した「第3の金融」が急拡大中

ここまで話をしてきて、どう感じただろうか。「うちには関係ない話」と読み流していたかもしれない。しかし、このファンドを使った資金調達法が、小さな会社にとってもグッと身近な存在になって来ている。しかもこの傾向はますます進んでいくことだろう。

会社が資金を調達するには、親戚や知人から借金したり株式市場から調達する直接金融と、銀行など金融機関から調達する間接金融があることは既に述べたとおり。ファンドはこのどちらにも属さない「第3の金融」と呼ばれる。

以前は間接金融が主流だったが、最近は直接金融の伸びが著しく、「間接金融から直接金融へ」がトレンドになっている。最近のデータでは、銀行などから企業への貸し付け額が約５００兆円、直接金融のうち株式市場からの調達も５００兆円と、ほぼ同等。これに対しファンドは、その10分の1にあたる50兆円ほどだが、ここ数年で4～5倍になると予測されている。

また、市場未公開の企業に対するファンド（ＰＥファンド）の資金は日本では1～2兆円だが、米国では30兆円にものぼる。日本経済は米国経済の後を追う傾向があるので、今後、日本でも、この種の投資が急速に増えることは確実だ。実際、ここ数年で、中小企業をターゲットにした投資ファンドが続々と生まれている。

こちらからは見えにくいが、ファンド会社は投資先を熱心に探している。だから、業績のよい会社には向こうから「お手伝いしましょうか」と声がかかるはずだ。

ファンドの門戸は、小さな会社に対しても開いている。以前に比べれば格段に利用しやすくなっている。これを利用しない手はないだろう。

## ■ファンドを利用するメリットはこんなにある

銀行で借りるよりファンドを活用するほうが、いろいろな利点がある。

第一に、大きな額のまとまった資金を調達できること。会社のいまの状態ではなく、将来の可能性に賭けて、それを実現するための資金として位置づけているからだ。M&Aをして業績が上がる、それによって資金を儲け付きで回収できるとなれば、ファンドは資金を出す。小さな会社でも数億円程度なら投資してくれるだろう。

第二の利点は、借金ではないから返済がないこと。ここが銀行とまったく違うところだ。ファンドのカネは貸し付けではなく投資だから、「毎月返済」などと要求されない。3～5年後に何%か上乗せした金額を返せばいい。1億円の投資を受けたら、それを十分に活用して業績を伸ばし、3年後に1・5億円をリターンする。そういうことだ。もし好業績を上げて株式上場ができれば、ファンドは株を売却して十分な利益を得ることになる。

第三に、自社の価値や将来性を評価するのはファンドだということ。その評価自体にこちらは責任を持ちようがない。投資を受ける側にしてみれば、ひたすら経営に励めばいいのだ。

他にも〝借り手市場〟であることも有利な点だろう。ファンド側は優良な投資先を必死で探している。集めた資金を動かさなければ儲からないからだ。ということは、こちらに有利な形で投資を受けられることを意味する。経営状態がよければ、ファンドの側から「必要なら資金を用立てしましょうか」とやってくるのだ。複数のファンドから話を聞いて、こちらの思惑どおりのところを選択することもできる。

ファンドの持つ力を存分に借りることができるのも重要だ。ファンド側は、投資する以上は儲けを出さなくてはならないから、そのための協力は惜しまない。経営能力に優れた人材やネットワーク、マネジメント力などを存分に提供してもらえるだろう。

## 事例——ファンドを活用すればこんなことができる

実際の例をあげてみよう。

神戸のカバンメーカー。4億円近い借金があって、ほとんど潰れかかっていた。返済が滞っているから銀行はもはや一銭たりとも貸してくれない。この会社にファンドが4億円を投資した。それで借金をすべて返済した。もともと力のある会社なので、借金返済という負担さえなくなれば業績は上向いていく。数年後には、おそらくファンドが満足するような結果が出るはずだ。

この他にもベンチャーファンドというものもある。ベンチャーファンドのやりとりは、どんなふうになるか、実況ライブ風に紹介する。

ある家庭用品メーカーが画期的な商品を開発した。それをどこかで聞きつけたファンドがアプローチしてきたという想定だ。

「すごい商品を開発したようですね。どれくらい売れそうですか」とファンド側が聞いてくる。

「1万個くらいですかね」

「あまり売れませんね。もっと売りましょう。宣伝、広告をすれば、もっと売れるでしょう」

「しかし、それには、けっこうなカネがかかるからむずかしいね」

「わかりました。そのカネをうちが出しましょう」

こんなふうに話が進んでいく。ファンドは、商品力をベースに、広告宣伝など投資効果をシミュレーションして、どれくらいの資金ならどのくらいまで売れるかを計算し、逆算して投資額をはじき出す。

「3億円出します。これでバンバン宣伝して30万個売りましょう」「OKです」

次に、返済の方法を詰めなくてはならない。

「うちの業界は回収が長い。半年以上かかりますよ」とメーカー側。「1年なら終わりますか」

「ええ」「それなら問題ありません。では、3年でいきましょう。3年間はいっさい返済なしでけっこうです。3年後に4億円を戻せますか」

単価をもとに利益などを計算して、「3年後4億返済」が可能で、自社も儲かると出ればファンドと契約することになる。

この資金はこの商品を売るためだけに使うこと、会計をファンドと一緒にやること、3年後にファンドが発行した有価証券を4億円で買うこと、といった縛りがつく。

万一売行きが悪くて4億を戻せない場合には、商品の権利をすべてファンド側に与えるという条件もつくだろう。この商品を使ってファンドはなんとか手段を講じて儲けを出すのである。

これで3億というカネを調達できる。

あなたは、こういうやり方を受け入れることができるだろうか。

私の経験では、いまのところ、ほとんどの人がファンドの知識を持っていない。だから、こういう話をすると、まず「なんだそれ」という顔をされる。「そんなわけのわからんものには絶対に手を出さない」などと頑なに拒否する人も多い。１００人いたら99人までがそうなのだ。

ファンドというものを受け入れるだけの柔軟性があるかどうか。それが小さな会社がファンドを使えるかどうかのターニングポイントとなる。

# 「志操」で人の心をとらえ、マネジメント力をつける

## ●アピール力がなければ社長には向かないが…●

人の上に立ち人を束ねるには、どうすればいいか。これを考えるのに格好の人物が戦国の武将、織田信長だ。

織田家は、いまで言うと建設会社。織田建設の地盤は尾張地方、初期はおそらく30万石程度だから、せいぜい中規模クラス。社長が信長である。

信長が、今川、斎藤、武田といった周辺の〝大企業〟と競合しながら伸びて行くには優秀な家臣が必要だ。数多くの著名な家臣を会社の役職にあてはめれば、営業本部長が柴田勝家、建設土木部長が木下藤吉郎、式典部長が明智光秀といったところだろう。さらに次長として丹羽長秀、係長に滝川一益がいる。

これだけの精鋭が集まったのは、信長が魅力的だったからだ。子どもの頃から服装も行動も大いに変わっていて、「大うつけ者」、つまり大バカ者と言われたことはよく知ら

れている。

破天荒さは成長後も変わらず、家柄や身分にとらわれずに人材を登用したり、火縄銃などの新兵器を積極的に活用したり、仏教を敵視する一方でキリスト教を保護したりと、当時の人間から見れば、まさにやりたい放題。それが結果として人を引きつけ、天下取りへの道を開いた。

信長に学びたいことはたくさんあるが、一つは人にアピールする力だ。事業を立ち上げたり、会社を経営したりする人間は、幹部や社員など社内の人間であれ、取引先など社外の人間であれ、自分をアピールすること、アピールできることが必要だ。自分の考えをしっかり伝える能力とパワーを持っていること。自己主張の強さと言ってもいい。

私は大勢の社長を見てきたが、ほとんどの人が強いアピール力を持っている。「あくが強い」とか「押し出しがいい」といった印象だ。逆に言えば、アピール力が弱い人は、もともと会社経営には向かない、社長にはなれない、と考えている。

気になるのは、アピール上手な社長の多くが自分に酔っているように見えることだ。自分の考えややり方に酔っている。自己陶酔、自己満足に陥っている。小さな会社の社長に特にその傾向が強い。

大きな会社だと社長とはいえ組織の一員であり、組織として判断したり動いたりする

ので自分に酔うようなことはない。小さな会社では、社長は「お山の大将」、往々にしてワンマンで、何事につけ自分の考えややり方を絶対視して通しやすい。だから自己陶酔してしまう。

自分に酔っては的確なアピールはむずかしい。どんなに力んでも空回りになる。力めば力むほどアピール力が低下する。

では、どうするか。自分のシソウを明確にして、それを打ち出すことだ。シソウとは「思想」ではない。「志操」だ。

思想には往々にして自分の好みが入る。好き嫌いを言うだけでは人はついてこない。社長が「Aが好きだ」と言っても社員が「Aは嫌い」と考えれば、それで終わりだ。

志操とは「こころざし」。自分はこういう志で創業したんだ。こういう志を持って会社を経営しているんだ。そのことをアピールする。言葉で言いにくければ、行動で示す。

信長の志操とは「天下布武」、つまり武家による天下統一だった。その志操が強く揺るぎないものだったからこそ奇想天外で常軌を逸した言動が強いアピール力を持ち、そのせいで優れた人材が集まったのである。

## ●マネジメント面の強さを打ち出す●

別の視点で考えてみよう。

会社経営に必要なのは、大きく分けて、感性・技術の要素と、マネジメントの要素の二つだ。

感性・技術の要素とは、「こういう製品をつくろう」「これなら美味しい一品になる」「お客に喜ばれるサービスはこれだ」などということだ。お客に提供する商品やサービスに直接、関係する方策である。

マネジメントの要素とは、「どういう人材をどう配置するか」「商品をどのように売っていくか」「財務管理をどうするか」など組織づくりや財務など間接的な部門に関することがらである。

この二つの要素を兼ね備えている人物が優れた経営者と言えるが、実際には、そのような人は少ない。

そこで、感性・技術の要素を担う人と、マネジメントに長けた人がいて、車の両輪として能力を発揮することが会社が成長する条件となる。

たとえば、ホンダには、感性と技術の人、本田宗一郎の傍らに藤沢武夫というマネジメントの人がいた。

ソニーには、技術者、井深大と、営業のやり手、盛田昭夫がいて零細な会社を世界的な企業に育て上げた。

小さな会社では、このようなペアはまず望めない。社長が身一つで、異なる要素の仕事をすべて担うことになる。技術者が営業をして、さらに財務まで見たりする。すべてに優れているスーパーマンのような人はいるわけがない。感性・技術の分野に強く、マネジメントには弱い。そういう社長がほとんどだ。

だから、売れる商品を開発することはできても、それを広く売ることができない。よい商品ならスーパーやデパートに流せば大ヒットするかも知れないのに、それができない。「デパートの口座にどう入っていくのかわからない」「スーパーなら向こうから来るんじゃないか」などという程度の認識しかない。それで皆、苦労している。

アピール力の話に戻すと、多くの社長は、自分の得意なところ、つまり感性や技術の要素だけをアピールしがちになる。無意識でそうなってしまう。もっとマネジメントの分野でのアピールを考えたい。常に意識をそのように向ける心がけが大切だ。

## 3 小さな会社の成功のカギは今もＩＴにあり

### いま商売が成功するかどうかはＩＴが決める

「みなさん、ＩＴ、使ってますか」――。そんな質問をすると、「もちろん」「当然」という答えが返ってくる。「なぜ、いまさら、そんなことを聞くのか」という顔をされることもある。

そこで、実際にどのように使っているかを聞くと、「パソコンで経理をやっている」「パソコンでチラシをつくっている」「インターネットで調べものをしている」というのが典型的な反応だ。

だが、これだけではＩＴの本質はよくわからない。せいぜい「便利な道具」といった程度だ。

実は、ＩＴ、あるいはＩＴ化は、これまでのビジネスのあり方を根底からひっくり返した。ＩＴ以前の商売や仕事の常識はまったく通用しなくなった。カネの流れ、モノの流れ、ヒトの流れ、すべてを根本的に変えた。想像もできないほどの変化を起こした。ＩＴ化とは、それほどのことだったのである。

ＩＴを「情報技術」と理解していては、ＩＴの凄みは見えてこない。そのことに気づくかどうか。気づいてうまく取り入れることができるかどうか。それがいまの日本で商売を成功できるかどうかの分かれ道なのである。

## あらゆる産業、あらゆる商売がＩＴで結びつく

では、ＩＴで何がどう変わったのか——。

第一に、ＩＴはあらゆる産業に入りこんだ。

日本経済は、昭和20年代には繊維産業が主流だった。朝鮮戦争から昭和30年にかけては鉄鋼業がグンと伸び、30年代後半はいわゆる「エネルギー革命」が起こって石油産業が盛んになった。その後は、自動車産業、家電産業、化学産業が次々と台頭した。

大づかみにいうと、これまでは産業単位、業界単位で経済が動いていた。次々に開発された技術にしても、基本的には該当する産業や業界を繁栄させただけで、他の業界に波及したり影響を与えることはほとんどなかった。

それが、ＩＴが本格的に入ってきた平成以後はガラリと変わった。ＩＴはすべての産業に入ってきた。どんな業界にも影響を及ぼした。規模の大小も関係なく、ありとあらゆるところに浸透

してきた。巨大企業はもちろん、町の八百屋でも仕入れや伝票の整理にＩＴが使えるようになった。使われ方、使い方の違いはあってもＩＴであることは同じだ。

ＩＴによる巨大な変化の波をかぶって、はじめて、それ以前のあり方、つまり産業単位、業界単位の経済のあり方が見えた、と言ってもいい。

あらゆるところに入ってきたということは、別の見方をすれば、ＩＴは産業や業界の境界をぶち壊したということでもある。すると、どういうことが起こるか。

これまでは、化学会社と町の八百屋のどちらにも関係するような事態は起こらなかったし、考えられもしなかったが、いまはそれが起こり得るということである。あらゆる産業、あらゆる商売がＩＴという共通項で結びついている。そういう社会になったのである。

## ■――社員数や売上高では会社を判断できない時代

ＩＴ化は会社のあり方や仕組みも変えた。

これまで栄華を誇ってきた重厚長大型の会社の時代は終わり、軽薄短小型の会社が台頭してきた。流れが大きく変わったのだ。

ＩＴ関係の業界から見ると、そのことがはっきりする。

ＩＴ関係の会社には、たくさんの人はいらない。優秀なプログラマーが10人くらいいれば、１００億円程度の売上げを上げることができる。ＩＴ業界の人たちはそういう発想をしている。それが可能な時代になったのだ。

小さな物販会社でも同じだ。酒類の問屋を例に考えてみよう。以前なら、メーカーから商品を仕入れ、自分のところで保管し、自分で配送し、自分で集金した。何人もの人が必要だし、大きな倉庫も必要だった。

ところが、いまは保管や集配は他の会社に委託してしまう。集金も代行会社に委託する。会社に必要なのは営業と経理のスタッフだけ。70億、80億を売上げるとしても、社員はわずか10人程度で十分だ。ただし、この会社の商売に実際に関わっている人は、倉庫会社、配送会社、集金代行会社なども含めると１２０人にもなる。

自社ですべてを抱えるのではなく、副次的な分野は専門会社に委託し、主要な分野だけを自社で処理する。そういう機能分化が可能になった。

こういう体制になると、付随してさまざまな変化が起こる。商品を売った人が集金をしていた時代は、相手に「ちょっと待ってくれ」と言われると断りにくかった。売り手側に「買ってもらった」という気持ちがあるからだ。ところが、集金代行会社の社員には、その種の感情がない。

決済はきわめてドライになる。結果、売掛金が滞るようなことがなくなる。商売が効率よく回るようになる。

こうした体制はＩＴを活用するからこそ可能になる。

社員の数や売上げ高といった単純な尺度では、会社を判断できない時代になったのだ。会社の「規模」の概念が変わったのだ。

日本全体で会社の機能別分布が変わりつつある、と言ってもいいだろう。その変化をどう読んで、どう利用するか。自社をどこに位置づけるか。新たな発想が必要になる。

## 情報革命が物流革命を起こした例

ＩＴとは、その言葉どおり情報を処理する技術だ。だから、ＩＴを使うことで情報を集めたり、分類したり、加工したり、流したりする作業の効率が劇的に上がる。

情報処理のあり方が変わるとモノの流れ方も変わる。モノを情報の一種として扱えば、どうにでも処理できるからだ。

その好例がコンビニの共同配送システムだ。メーカーごとの配送・仕入れでは効率が悪いし、バラバラの納品では受け入れの手間もかかる。配送車が次々と店の前に止まっては出ていくのでは邪魔だし近所にも迷惑だ。そこで、共同配送センターをつくり、そこに商品を一括納入し、そこから各店舗に配送するしくみをつくった。

これによって一つの店に1日に止まる納品車の台数は70台から12台にまで減り、配送コストも大幅に削減されたのである。

このようなことが可能になったのは、ＰＯＳなどの情報システムによって店頭商品の販売・在庫状況がリアルタイムで把握可能になり、発注も効率的に行なえる基盤ができたからだ。ＩＴによる情報革命が物流革命を起こしたのである。

### 商売するのに店がいらない、あるいは在庫置き場を店にする

小売店でのモノの扱い方もＩＴで大きく変わった。店の作り方も変わりつつある。

扱う商品が増えれば店を大きくしたいと思うが、都市部では土地代や家賃が高く、それができない。そこで郊外に倉庫を作り、そこで商品をストックする。しかし、このコストがバカにならない。地方なら土地代や家賃も安いから、大きな倉庫を構えることもできるが、都市部ではそうもいかない。

といって、その費用を価格に上乗せできるかというと、それもできない。

大量販売を可能にするだけの十分な商品を店頭に置き、しかも品切れを出さない。なおかつ在庫のためのコストがかからない方法はないか――。

そこから出てきたのが、「店を在庫置き場にする」あるいは「在庫置き場を店にする」という発想だ。これまで倉庫に保管していた在庫品を店頭に並べてしまう。在庫を売る。倉庫を作って莫大な管理コストをかけるより、店を大きくして、そこを倉庫代わりにしてしまうほうがいい、ということだ。

在庫倉庫を兼ねる店だから、当然、大型になる。店頭に在庫を置くからバックヤードはいらない。建物をフルに売場として使い、デッドストックを置かないのだ。

ヤマダ電機とかヨドバシカメラ、ビックカメラ、ベスト電器といった都市部の店がどんどん大型化しているのは、そういう背景がある。

マツモトキヨシなどのドラッグストアも大型化しているし、ジュンク堂や丸善など100万冊以上の在庫を持つ大型書店も続々と開店している。

在庫をすべて店で抱えるとなると、在庫管理、発注精度の高さが絶対条件になる。ITによってそれが可能になるから、在庫込みの大型店舗ができるのである。

もう一つ別の流れが、倉庫だけを持ち、店舗を持たないという商売のやり方だ。

本のネット通販、アマゾン・ドット・コムは、ご存じのようにインターネット上に店を構えている。店と言っても建物があるわけではなくバーチャルな店だ。その販売を支えるのが千葉県にある延べ床面積約2万坪に及ぶ巨大な倉庫である。

これがネット通販とかインターネット・ショップと呼ばれる商売である。楽天市場、ヤフーショッピングのように、一つのサイトに複数の店舗が出店している形態もあって、これはサイバーモール、電子商店街などと呼ばれ、ネット通販と区別して使うこともある。

いずれにしても、インターネット上にサイトを作って商品情報を掲載し、商品の注文ができるようにした店だ。ネット通販、あるいはネット・ショップは会社の規模には関係なく開くことができる。個人がつくる店も増えている。

インターネットというＩＴの中核技術をベースにして、発注・受注、決済まですべてをＩＴによって行なう商売である。

## 小さい会社が成功するカギはＩＴにあり

ＩＴをうまく利用すれば、小さな会社でも十分に大企業と勝負ができる。

小売店を始めたいというとき、以前なら物件探しから始めたものだが、ＩＴなら物件はいらない。インターネットに店を開けばいい。手っ取り早いのは楽天市場などのサイバーモールに出店することだ。インターネットの店なら全国がマーケットになるから会社はどこにあってもかまわない。地方の片田舎でもぜんぜん問題はない。

店を開くというと立地が重要な要素になる。成功するか失敗するかは立地に左右される。人口がすごく少ないとか、車が1日に数台しか通らないとか、そんなところへは店は出せない。だが、インターネットの店なら関係ない。

店舗を開設するのに比べて、コストが少なくてすむことも重要なメリットだ。

パソコンは数万円で買えるくらい安くなったし、プリンタは1万円台。インターネットを利用するためにプロバイダーに払う料金は導入費用が5000〜6000円程度、月ごとの料金も3000〜4000円ほどですむ。大した費用をかけなくてもITを利用できる環境は整う。

あとは、モールへの出店基本料金として月々数万円程度と、売上げ額の数％の利用料が生じるが、合計してもたかが知れた金額だ。

決済や配送はモールが持っている仕組みにしたがう。

手間とカネをかけてもよいなら、自分自身でサイトをつくって、そこを店にすることもできる。いわば独立店舗だ。

「店を開きたい」と思ったら、実際の店ではなく、まずインターネット・ショップを考える。そういう発想転換が必要なのである。

パソコンは、うまく使うと数人分の働きをしてくれる。経理の処理に使うこともできるし、チラシをつくることもできる。ネットを使って情報発信もできる。ＩＴ活用以前には考えられないほど手軽に大量の情報を入手することもできる。

顧客情報を入力してデータベースをつくれば、ある条件に合ったお客だけを引き出したり、必要な条件にしたがって並べ替えたりすることも簡単にできる。顧客がどんなに増えても処理の内容やスピードが制約されないのもＩＴならではだ。

パソコンが数人分の働きをする、ということは、多くの社員なしに〝一人前〟の会社として動ける、ということだ。

「ＩＴをどう活かすか」「ＩＴをどこに活かすか」という問題ではない。ＩＴは、「ありとあらゆる方法で活かす」「ありとあらゆるところで活かす」が正しいスタンスだ。ＩＴは、それだけのポテンシャルを持っている。

カネもヒトもモノも限られている小さな会社ほどＩＴが頼りになる。小さな会社が成功する鍵はＩＴにある、と断言したい。

## ■小さな会社ほどＩＴの恩恵を受ける可能性がある

もう少しＩＴの可能性について触れよう。

ＩＴの可能性を数や量だけで判断してはいけない、ということを知ってほしい。

私の会社のお客さんに、新潟県三条市の若者がいる。父親は自動車整備会社の社長で修理工場を経営している。この若者は「もっとＩＴを活用すべきだ」と言って、新潟市に出て小さな事務所を借りた。パソコンで自動車のチェックや修理に関するソフトをつくって、インターネット上にサイトを開設した。そして、朝から晩まで事務所にこもってシステムづくりに打ち込んだ。それで大きな赤字を出して、本体の整備会社までおかしくなってしまった。

それで、「どうしたらいいか」と私のところに相談に来たのだ。私は、彼のやり方はいまの時代に合っていてすごくいいと思った。では、何が失敗だったのか。

「お客さんは来たんですか」と聞くと、「はい、何人かは来ました」と言う。

「それは、いままでの修理工場のお客さん？」「ぜんぜん違う。見たことがない人ばかりだった」――。

まったくお客が来ないというならどうしようもないけれど、何人かは来た。しかも、まったく新しいお客だった。

「それだけでも、すごいことなんだよ」と私は彼に言った。ゼロではなかったというところにITの凄さがあるのだ。

インターネットのサイトを見ただけで、「自動車修理を頼みたい」「車検のアドバイスを受けたい」と言ってくる人が何人かいたということは、やり方次第でお客は100人にも1000人にも1万人にもなる。**そういう可能性があるということだ。成功する要素があるということだ。**

今回はたまたま資金が続かなかった。あるいは、お客を増やすやり方を確立できなかった。サイトに来た人を本業の修理と結びつけて採算が取れるようにするノウハウがなかった。それだけのことだ。

ITソフトで巨万の富を築いたあのビル・ゲイツ氏は、

「私ほど多くの失敗をした人間はいない。だがその失敗をすべて成功のために活かした」と言っている。

「方向性は決して間違っていない。絶対に、このやり方で再チャレンジできる」――。

私は彼にそう伝えた。

数ではないのだ。「お客が少ないからダメ」などと量だけで見ていては判断を誤る。小さな可能性でも、それを開けば一挙に大きくすることができる。そこがITの凄さなのだ。旧来の発想しかできない人は、そこに得体の知れない怖さを感じるはずだ。

ＩＴは、これまでの常識では考えられないこと、予想がつかないことを起こす計り知れない可能性、潜在能力を持っている。

その身近でわかりやすい例が携帯電話だ。出始めころは大きな箱形で重さが3キロもあって肩からかけて持ち歩いた。やがて片手でどうにか持てるようになって、さらに小型化軽量化が進んで今のようにポケットに入れても違和感のない形状になった。

機能面の進化はそれ以上で、今の機種は電卓にもなり時計でもあり、ゲーム機でもあるし、写真や映像が撮れるカメラでもある。文章が打ち込めるからメモ帳にもなるし、スケジュール表にもできる。着信履歴はデータベース。ウォークマンのように音楽も聴けるし、テレビも見られる。インターネットにも接続できて、メールによるやりとりもできる。財布代わりの電子マネー決済ツールでもある。

これは、もはや電話機とは言えない。「ケータイ」という名前の、通信機能を持つ超小型のコンピュータである。いや、それさえも超えた万能ツールと言ってもいい。これほどの進化を予想した人がいただろうか。

ＩＴを使うと、商売でもこういうとてつもない変化が起こらないとは限らない。ＩＴによる

〝地殻変動〟は、いまスタートしたばかりだ。これからまだまだ変化していく。それも予想外の変化が起こる。そこに新たなビジネスチャンスが生まれる。会社の規模の大小には関係ない。むしろ小さな会社ほどＩＴの恩恵を受ける可能性があるのだ。

## ■――パソコンは社長自身が先頭に立って使うべし

そう考えると、これからの社長はパソコンを初めとするＩＴ機器を使えることは必須のスキルと考えたほうがいい。

「そういうものは苦手だから、触らない」などと言うようでは将来が開けない。小さな会社を成長させることができるかどうかは、性別や年齢ではなく、パソコンが使えるかどうかにかかっている。パソコンを使えない人が会社を経営するのは、車を運転できない人が運送業をするようなものだ。パソコン活用のスキル、ＩＴ活用のスキルはそれだけの重みがある。今はそういう時代なのだ。

繰り返すが、「会社で使っている」ではダメだ。社長自身が使わないと意味がない。

たとえば、インターネットで情報を探すとき。社員と社長とでは目の付け所が違う。社員は目先の仕事、本日ただいまの仕事にとらわれた目線で情報を見て取捨選択する。社長は、３年後、

5年後を見据えて、今の情報を見る。社員と社長とでは引き出してくる情報の質が違う。むしろ、違わなくてはおかしいのだ。

引き出した情報を、並べ替えたり、特定の条件で検索したり、自分の目的に合うように加工したりするのもパソコンを使えば容易だ。一個人では扱えきれなかった量のデータも、パソコンなら問題なく処理できるし、思いどおりに活用できる。

収集だけではなく、その後の処理や加工まで含めると、社員と社長の差はより広がる。だから、社長自身がパソコンを駆使できることが重要なのだ。

ある分野に関する知識や能力のことをリテラシーという。

昔、一人前の人間が身につけるべきリテラシーは「読み書きそろばん」だった。いまなら、「読み書きパソコン」、あるいは「読み書きIT」ということになる。「そろばん」、つまりカネ勘定にもパソコンは大いに力を発揮する。

優れたITリテラシーは、いまや経営者になくてはならないものなのである。

## ●あとがき

「人生いろいろ」と言います。会社もいろいろ、社長もいろいろです。それぞれに夢や目標があり、それぞれにやり方があるでしょう。

小さな会社は、小さいまま堅実に長く続けるというのも、ひとつの道です。それなりの成果を手にできるし、満足感も得られます。

その一方で、「小さいままでは、つまらない。どうせやるなら大きくしたい」と燃えるような気持ちで会社経営に取り組む人もいます。

「小さくても」と「大きくしたい」という相反する気持ちの間で揺れ動きながら仕事をしている人も多いのではないでしょうか。

どちらにしても、少しでも気を緩めれば、倒産の危機に見舞われる点は同じです。怠ければ潰れます。いまは、そういう時代であることを肝に銘じておくべきです。

社長業は、終わりのない修行のようなものです。「こうなったから免許皆伝」というふうにはいきません。どこまで行っても新たな課題が生まれ、それを解決する。そんなことの繰り返しです。本書からヒントを読み取って、その修行をできるだけ失敗なく、息長く続けていっていただきたい。それが私の願いです。頑張ってください。

「小さい会社の経営」について
ご相談に応じます。

問い合わせ先


（株）TSKプランニング
事業再生相談センター

住所●〒160-0022
東京都新宿区新宿1-7-1
新宿171ビル7F

TEL●（03）5269-2541

FAX●（03）5269-1482

Eメール●info@tsk-p.co.jp

ホームページ●http://www.tsk-p.co.jp

■立川　昭吾（たちかわ　しょうご）
1945年新潟市生まれ。中央大学商学部卒、株式会社ジューキを経て81年に独立するが、会社の整理・清算を体験。その後、企業の倒産現場に数多く立ち会い、倒産回避のノウハウをマスター。95年に企業の危機管理に関するコンサルティングを業務とする「ＴＳＫプランニング」を設立、数多くの中小企業経営者を支えて活躍中。事業再生の第一人者。

事業再生実務家協会正会員。東京商工会議所中小企業相談センター・エキスパート員。東京都中小企業振興公社リバイバル推進委員。有限責任中間法人事業再生支援協会（ＳＲＣ）理事。ターンアラウンド・マネジメント協会（TMA）日本支部理事。有限責任中間法人日本事業再生士協会理事。

著書に『なぜかお金が逃げる人　大きくたまる人』（アーク出版）、『隣の会社は「なぜ？」潰れないのか』（明日香出版社）、『実戦倒産回避マニュアル』（ごま書房）、『実例倒産回避マニュアル』（同友館）、『図解倒産回避の裏技66』（ＷＡＶＥ出版）、『脱倒産回避宣言』（経済法令研究会）、『倒産寸前！そのとき社長はどうするか』（中経出版）、『企業再生バイブル』（経済界）などがある。

監修として映画『平成金融道　裁き人』『平成金融道マルヒの女』（東映）、ビデオ『裁きの銀　倒産回避請負人』などがある。

倒産回避請負人が教える
# 脱常識のしたたか社長論。

2008年4月20日　初版発行

■著　者　立川　昭吾
■発行者　檜森 雅美
■発行所　株式会社アーク出版
〒162-0843　東京都新宿区市谷田町2-7　東ビル
TEL.03-5261-4081　FAX.03-5206-1273
ホームページ http://www.ark-gr.co.jp/shuppan/
■印刷・製本所　新灯印刷株式会社


ISBN978-4-86059-063-5